COCA-COLA

Das neue kompakte Bestimmungsbuch

可口可乐
Кока-Кола
كوكا كولا
مارکة مسجلة
コカ・コーラ
登録商標
Coca-Cola

COCA-COLA

Das neue kompakte Bestimmungsbuch

Bill Bateman und Randy Schaeffer

KÖNEMANN

This book was designed and produced by
Quintet Publishing Ltd.
6 Blundell Street
London N7 9BH

Original title: Coca-Cola Collectibles

Könemann Verlagsgesellschaft mbH
Bonner Str. 126, D-50968 Köln
Übersetzung aus dem Englischen:
Ina Friedrich (für akapit)
Redaktion und Satz der deutschen Ausgabe:
akapit verlagsservice, Berlin
Druck und Bindung: Sing Cheong Printing Co. Ltd.
Printed in Hong Kong, China

Alle in diesem Buch abgebildeten Artikel stammen aus der Sammlung von William E. Bateman und Randy S. Schaeffer.

ISBN 3-8290-1295-0
10 9 8 7 6 5 4 3 2 1

Inhalt

oben: **Kartonschild, ca. 1925, 21,6 x 8,9 cm. Noch vor der Einführung des Sixpack verwendeten Abfüller solche Schilder, um Konsumenten anzuregen, auch zu Hause eisgekühlte Coca-Cola zu genießen.**

EINFÜHRUNG

oben: **Kartonschnitt, 1929, 79 cm breit. Dieses Schild ist das Mittelstück der fünfteiligen 'Kapuziner'- Girlande, die dazu benutzt wurde, die Rückwand eines Getränkestandes zu dekorieren.**

Seit mehr als einem Jahrhundert ist Coca-Cola ein nicht mehr wegzudenkender Teil des amerikanischen Lebens. Von ihren bescheidenen Anfängen 1886 in Atlanta, Georgia, bis zu ihrem jetzigen Status als bekanntester Softdrink der Welt wurde Coca-Cola massiv vermarktet, wobei alle Tricks aus der Schatzkiste der Werbung genutzt wurden. Lange bevor es die Vermarktungsmöglichkeiten der heutigen Massenmedien gab, benutzte die Coca-Cola-Company bereits Millionen von Werbeartikeln, um die breite Masse zu erreichen. Diese Artikel reichten von eher praktischen Produkten wie z. B. Flaschen und Kühlern bis zu traditionellen und beliebten Werbemitteln wie Schildern und Zeitungsanzeigen; von Zubehör wie Tabletts und Kalendern bis zu Spielzeug und Lesezeichen. All diese Artikel finden sich in Sammlungen von Coca-Cola-Erinnerungsstücken wieder.

Der Reiz besteht für den Sammler zum Teil darin, daß sie ursprünglich der reinen Verkaufsförderung von Coca-Cola dienten. Natürlich existieren viele der alten Stücke heute nicht mehr. Für den Wert von Coca-Cola-Sammlerstücken spielen daher die Seltenheit, der Zustand sowie die Nachfrage nach diesen Stücken eine entscheidende Rolle. Für künstlerisch gestaltete Artikel muß man mehr investieren. Im Bereich des 'historischen Werbematerials' gelten Coca-Cola-Artikel insgesamt als die bevorzugten Sammlerstücke und erzielen unverändert Höchstpreise.

Coca-Cola produzierte für die Werbung ausschließlich Artikel von hoher Qualität. So gab das Unternehmen allein für die Gußform eines selbstentworfenen Schildes mit 'Betty', dem Coca-Cola-Mädchen von 1914, $ 5.000 aus.

Die anspruchsvolle Gestaltung dieser Werbeartikel war mit Sicherheit ausschlaggebend dafür, daß so viele von ihnen aufbewahrt wurden. Die Vielfalt an noch erhältlichen Sammlerstücken ist deshalb so groß wie bei keinem anderen Konsumartikel. Die Sammlerleidenschaft, die den älteren Stücken gilt, hat Sammler, aber auch die breite Öffentlichkeit dazu veranlaßt, sich sehr für eine Neuproduktion von Werbeartikeln im alten Design zu interessieren. Zunächst stand Coca-Cola

links: **Pappaufsteller, 1926, 45 cm hoch. Dieser Verkäuferjunge war in den 20er Jahren ein vertrauter Anblick auf Baseballfeldern. Der Aufsteller wurde ebenfalls in einer fast lebensgroßen Version produziert.**

oben: **Metallschild, 1914, 78 x 104 cm. Als eines der größten Coca-Cola-Schilder für Innenräume wurde dieses selbstentworfene Schild von der Pasaic Metal Ware Company hergestellt. Die gleiche 'Betty'-Illustration wurde auf den Tabletts und Kalendern von 1914 benutzt.**

dergleichen Aktivitäten eher skeptisch gegenüber, aber nun werden Lizenzabkommen mit verschiedenen Herstellern gezielt gefördert.

Neuproduktionen, die dem Vorbild alter Modelle folgen, kann man in zwei Kategorien unterteilen: einerseits in Reproduktionen, die sich eng an das alte Design halten, andererseits in reine Phantasieartikel. Weil viele dieser neuen Sachen älter aussehen als sie wirklich sind, müssen Sammler nicht nur eine umfassende Kenntnis der Originale haben, sondern auch über die Reproduktionen und Phantasieartikel bestens Bescheid wissen. Seitdem Coca-Cola in mehr als 195 Länder auf der ganzen Welt expandierte, paßt man die Werbestrategien dem jeweiligen Land an. Dabei unterscheiden sich nicht nur die vielen Sprachen, sondern auch die landestypischen Werbemittel.

Solche Artikel haben besonders hohe Preise, wenn die Graphik die Kultur des Landes widerspiegelt und nicht einfach bereits in den USA benutztes Material kopiert. Die meisten Sammler, egal welcher Nationalität, fügen ihren Sammlungen eifrig ausländisches Material hinzu, wann immer sich ihnen die Gelegenheit bietet. Obwohl Coca-Cola mittlerweile ein internationales Produkt wurde, gilt sie dennoch weltweit als ein Symbol für den 'American Way of Life'. Coca-Cola-Sammlerstücke spiegeln Amerikas Vergangenheit und Zukunft wider: amerikanische Gebräuche, Werte, Vorlieben, Besessenheiten und kulturelle Besonderheiten.

Für viele Leute bedeutet das Sammeln von Werbemitteln im Laufe ihres Lebens eine beständige Erinnerung an die 'guten alten Zeiten'. Für andere steht die Coca-Cola-Werbung für den Traum von einem besseren Leben.

oben: **Papierposter, 1947, 40,5 x 68 cm. Obwohl dieses Poster in den USA gedruckt wurde, ist der Text Niederländisch, da es vermutlich für den Export nach Holland bestimmt war.**

oben: **Kartonschild, 1933, 26 x 47 cm. Während der dreißiger Jahre wurden Schilder wie dieses dazu benutzt, für Coca-Cola als Getränk zum Essen zu werben. Es wurde 'Hänger' genannt, war gestanzt und gefaltet, so daß es einen dreidimensionalen Effekt hatte.**

Ein kurzer Rückblick

Dr. John S. Pemberton erfand Coca-Cola vermutlich im Frühjahr 1886. Davor hatte er viele verschiedene Produkte vermarktet, eines davon wurde "French Wine Coca" genannt, da es zum Großteil aus Bordeauxwein und Coca-Extrakt bestand. 1886 entschied Pemberton, ein alkoholfreies Getränk zu produzieren, indem er bei der "French Wine Coca" einfach den Wein wegließ, um von dem damaligen Trend zur Alkoholabstinenz zu profitieren.

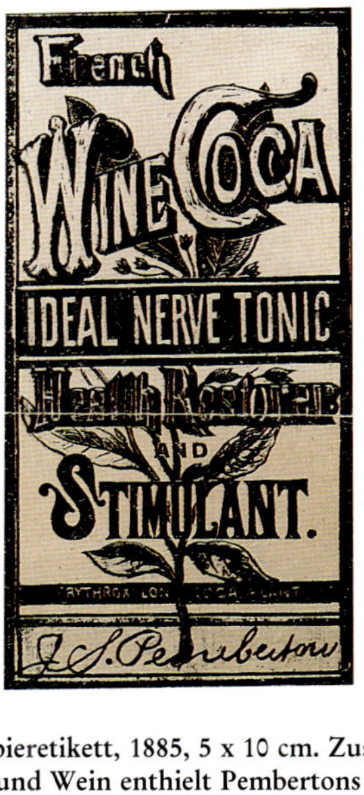

oben: **Papieretikett, 1885, 5 x 10 cm. Zusätzlich zu Coca und Wein enthielt Pembertons French Wine Coca auch Kolanuß-Extrakt, damals anerkannt als Kopfschmerzmittel und Hilfe bei einem 'Kater' wegen seines Koffeingehalts. Die Flaschen waren in Kisten mit diesem Etikett abgepackt.**

oben: **Löffel, ca. 1895, 15 cm lang. Mit seiner geprägten Höhlung wurde dieser Silberlöffel dazu benutzt, das Endprodukt umzurühren, nachdem Coca-Cola-Sirup und kohlensäurehaltiges Wasser beigemischt wurden.**

Um den relativ unerfreulichen Geschmack dieser Mischung von Coca-Cola zu tarnen, fügte er einige Aromaöle und Gewürze hinzu: Zitrone, Orange, Vanille, Muskatnuß, Koriander, Zimt, usw. Das Ergebnis wurde dann als rezeptfreie Medizin verkauft. Man sollte "einen Teelöffel voll auf ein Glas Wasser" zu sich nehmen.

Es war wohl im Jahre 1887, als Pemberton entschied, daß kohlensäurehaltiges Wasser das ideale Mittel zum Mischen war. Pemberton verkaufte im Sommer 1887 seine Anteile. Asa G. Candler, ein befreundeter Drogist, war an Coca-Cola interessiert, weil er es selbst bereits mehrfach erfolgreich gegen seine ständigen Kopfschmerzen eingesetzt hatte. Als Drogist befand er ein gutes Kopfschmerzmittel für ausgesprochen wichtig, vor allem, da die schmerzstillende Wirkung von Aspirin erst einige Dutzend Jahre später entdeckt wurde.

Durch eine Reihe von Transaktionen erlangte Candler im Spätsommer 1888 für einen Betrag von knapp über $ 2.300 die alleinige Kontrolle über Coca-Cola.

oben: **Foto, 1909, 19,1 x 24,1 cm. Dieses Foto zeigt den mit einem Preis ausgezeichneten Messestand von Coca-Cola auf der New Jersey-Messe. Bei näherer Betrachtung kann man Dutzende von Coca-Cola-Werbeartikeln erkennen, darunter Schilder, Tabletts, Poster, Kartonschnitte, Flaschen, Flaschenöffner, Gläser, 24-Flaschen-Kästen, Fächer und Thermometer**

unten: **Gutschein, Brief und Umschlag, 1895. Als verkaufsfördernde Maßnahme verschickte das Unternehmen Coupons für Freigetränke an potentielle Kunden, deren Adressen von den örtlichen Ausschankstuben zur Verfügung gestellt wurden.**

Am 13. April 1891 wurde Candler zum alleinigen Eigentümer von Coca-Cola und ließ das Unternehmen im folgenden Jahr eintragen. Sammlerstücke aus den Jahren vor 1890 sind Briefe von Pemberton, Candler und anderen auf Briefpapier mit dem Aufdruck "Coca-Cola".

Coca-Cola wurde gleich von Anfang an stark beworben. Die Werbestrategie wird 1892 von Candler so formuliert: “Wir haben massiv auf einem Gebiet geworben, das bis jetzt noch keine Einnahmen brachte. Wir glauben aber, daß der Rücklauf im kommenden Jahr beträchtlich sein wird.”

Zu den Coca-Cola-Sammlerstücken aus der Zeit vor 1900 gehören Briefpapier, Fibeln, Postkarten, Tauschkarten, Gutscheine für Freigetränke, Kalender, Lesezeichen, Tabletts, Uhren, Siruptöpfe, Fächer, Servietten, Segeltuchbanner, Poster und Metallschilder.

In den Jahren 1901 bis 1910 stiegen die Verkäufe von 1.300 auf 11.500 Gallonen (das entspricht 4.921 bzw. 43.532 Litern) pro Tag, und der Werbeetat wurde von

oben: **Siruptopf aus Keramik, ca. 1900, 45,7 cm hoch. Der obere Teil dieses dreiteiligen Stücks enthielt ca. 1 Gallone (3,78 l) Coca-Cola-Sirup. Ein Zapfhahn auf der Rückseite (im Foto nicht zu sehen) wurde dazu benutzt, den Sirup direkt ins Glas zu abzufüllen.**

unten: **Briefkopf, 1907, 21,6 cm breit. Nach der Firmengründung in Atlanta hatte die Coca-Cola-Company bald Filialen in den ganzen USA, Kanada und Kuba, wie man auf diesem kunstvollen Briefkopf sieht.**

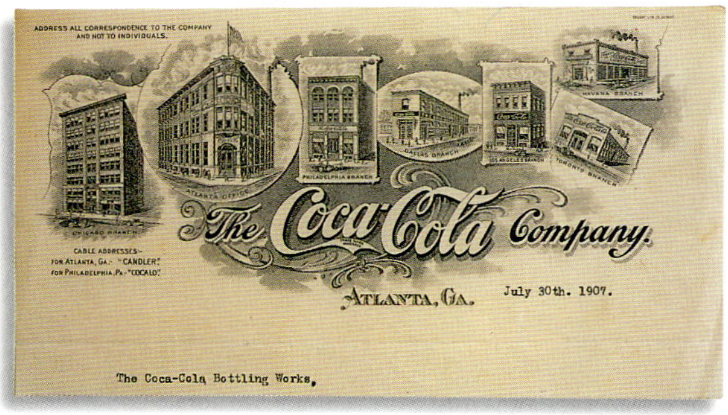

rechts: **Fächer, ca. 1893, 21,6 x 30,8 cm. Dieser Fächer ist nur eines von vielen Beispielen für die Coca-Cola-Werbung vor Ort.**

links: **Straßenbahnschild aus Karton, 1918, 53,3 x 27,9 cm. In einem offensichtlichen Appell an den Patriotismus zeigt dieses Schild die Fackel der Freiheitsstatue als Schatten einer Hand, die ein Coca-Cola-Glas hält.**

unten: **Tauschkarte, ca. 1907, gefaltet 15,9 x 8,9 cm (zugeklappt, offen und Rückansicht). Diese 'Verwandlungskarte' enthüllt aufgeklappt, daß die Knie der Frau in der Wanne eigentlich die Köpfe der Herren sind.**

$ 100.000 im Jahr 1901 bis auf $ 850.000 1910 aufgestockt. Coca-Cola wurde im Sommer 1904 zum ersten Mal in nationalen Verbrauchermagazinen beworben, obwohl es schon vorher Werbung in einigen Drogeriezeitschriften und religiösen Veröffentlichungen gab.

Die unabhängigen Abfüllunternehmen gediehen ebenfalls prächtig, und im Jahr 1910 verarbeiteten örtliche Abfüllunternehmen schließlich über 30 % der gesamten Sirupproduktion. Zunehmend wurden Coca-Cola-Flaschen auch in der Werbung abgebildet, und der Vertrieb von kleinen Werbeartikeln stieg ebenfalls sprunghaft an.

Der Umsatz von Coca-Cola stieg von 1886 bis 1917 kontinuierlich. 1917 waren die Vereinigten Staaten jedoch in den Ersten Weltkrieg verwickelt. Kriegsbedingt wurden viele der Grundnahrungsmittel rationiert, darunter vor allem Zucker, einer der beiden Haupbestandteile von Coca-Cola (der andere war Wasser). Diese Bedingungen zwangen das Unternehmen, die Sirup-Produktion zu verringern.

Die Nachkriegsjahre erwiesen sich für Coca-Cola als unruhige Zeit. Der Zuckerpreis schwankte immer noch, und ein Urheberrechtsstreit mit der Koke Company, der 1912 begonnen hatte, war nach wie vor nicht entschieden. Diese Unsicherheitsfaktoren führten zum Verkauf des Unternehmens an ein Bankenkonsortium. Dadurch verwandelte sich Coca-Cola in eine Aktiengesellschaft, mit Sitz in Delaware.

1920 entschied sich der Rechtsstreit mit Koke zugunsten von Coca-Cola, und ein tatkräftiges, neues Management wurde eingesetzt. Die Marketingstrategie wurde erneut überarbeitet, und die Umsätze erholten sich.

Zwei Merchandising-Artikel erschienen in den zwanziger Jahren zum ersten Mal: Der Karton mit sechs Flaschen und der erste standardisierte Kühler für Coca-Cola in Flaschen im Jahre 1929. Zwei neuartige Medien wurden zur Werbung eingesetzt: 24-teilige Reklametafeln und Radioprogramme. Viele der heute noch bekannten Coca-Cola-Slogans hatten ihren Ursprung in den zwanziger Jahren: "Durst kennt keine Jahreszeiten", "Genieße den Durst" und "Erfrische dich". 1928 überstieg der Verkauf von Coca-Cola in Flaschen zum ersten Mal den im freien Ausschank.

oben rechts: **Zeitungsannonce, 1922, 25,4 x 34,9 cm. Vor dem Ersten Weltkrieg wurden Softdrinks in erster Linie als Sommergetränke beworben und verkauft. In den zwanziger Jahren begann die Werbung für Coca-Cola als Getränk, das keine Jahreszeiten kennt.**

oben links: **Kartonschnitt, 1924, 101,6 cm hoch. Während der ersten Jahrzehnte unseres Jahrhunderts benutzte Coca-Cola dasselbe 'Coca-Cola-Mädchen' auf einer Vielzahl von Werbeartikeln eines bestimmten Jahres. Das Mädchen auf diesem Bild wurde ebenfalls auf Tabletts und Kalendern des Jahres 1924 abgebildet.**

In den dreißiger Jahren wuchs Coca-Cola kontinuierlich. Selbst in der Weltwirtschaftskrise konnte sich Coca-Cola im Gegensatz zu anderen Unternehmen der Branche gut behaupten.

Den Marketingstrategen entging ebenfalls nicht, daß es sich um das Goldene Hollywood-Zeitalter handelte. Etliche Filmstars wurden abgebildet, die natürlich immer Coca-Cola-Flaschen und -Gläser präsentierten, so als ob sie sagen würden, daß Coca-Cola dem Leben des Normalbürgers ein wenig Glamour verleihen könnte.

In der Reihe der Filmstars in der Coca-Cola-Werbung fanden sich solche Größen wie Joan Blondell, Claudette Colbert, Jackie Cooper, Joan Crawford, Clark Gable, Cary Grant, Jean Harlow und Maureen O´Sullivan. Kartonschilder, Schnitte und Poster mit diesen Stars sind heute begehrte Sammlerstücke.

Die vierziger Jahre standen unter dem Einfluß des Zweiten Weltkriegs. Unter-

oben: **Kartonschnitt, 1933, 160 cm hoch. Maureen O´Sullivan, am bekanntesten als 'Jane' in dem Tarzan-Film mit Johnny Weißmüller, sitzt hier in etwas konventionellerer Kleidung auf einem Barhocker.**

links: **Preislisten für 1938 und 1939, zugeklappt 27,9 x 38,1 cm. Coca-Cola bot in diesen jährlichen Preislisten standardisierte Marketingartikel für die Abfüller an.**

oben: Holzschild, 1934, 38,1 x 50,8 cm. Die "National Recovery Administration (NRA)" wurde 1933 von Präsident Franklin D. Roosevelt gegründet, um Produktions und Arbeitsbedingungen zu regeln.

links: Kalender, 1943. 48,2 x 100,3 cm. Während eines Projektes namens "Schulen im Krieg" vertrieben die Abfüller diesen Kalender, um die Schulkinder aufzufordern, ihr Taschengeld für Kriegszwecke zu sparen.

rechts: Kartonschnitt, 1933, 109,9 cm breit. Coca-Cola verpflichtete Ida Bailey Allen, eine anerkannte Expertin für Ernährung, eine Fibel für den guten Gastgeber, "When You Entertain", zu schreiben.

nehmenspräsident Woodruff gab den Ton für die Strategie von Coca-Cola an, indem er erklärte: “Wir werden dafür sorgen, daß jeder Soldat eine Flasche Coca-Cola für fünf Cent kaufen kann, wo auch immer er sich befindet, und was auch immer uns das kostet.” Das Unternehmen erfüllte dieses Versprechen, indem es Abfüllfabriken in Übersee in größtmöglicher Truppennähe baute.

Der Krieg war auch das bestimmende Thema der Werbung in dieser Zeit. Unzählige Poster, Schilder, Kartonschnitte und Kalender zeigten Männer und Frauen in Uniform.

Ab 1941 benutzte das Unternehmen den Spitznamen “Coke” ganz offiziell als Synonym für Coca-Cola. “Coke” wurde als Markenzeichen beim Patentamt der Vereinigten Staaten am 14. August 1945 eingetragen. In den fünfziger Jahren wurden neue Flaschengrößen, Verkaufsauto-

oben: Flaschenaufsatz aus Plastik, 1953, 17,8 x 18,4 cm. Obwohl das Unternehmen lange gegen Spitznamen für Coca Cola ankämpfte, gaben sie es schließlich auf und ließen den Namen “Coke“ in den vierziger Jahren als Markenzeichen registrieren. Auf einer gewöhnlichen Flasche angebracht, erinnerte dieser Aufsatz die Öffentlichkeit daran, daß sie beide Namen für dasselbe Getränk benutzen konnte.

links und unten: Spielkarten, 1943. Diese Karten zeigten Flugzeugtypen der Alliierten und der Achsenmächte und sollten den in Übersee Stationierten und den Menschen daheim helfen, Militärflugzeuge zu identifizieren. Die Frau auf der Rückseite ist eine Krankenschwester der US-Armee.

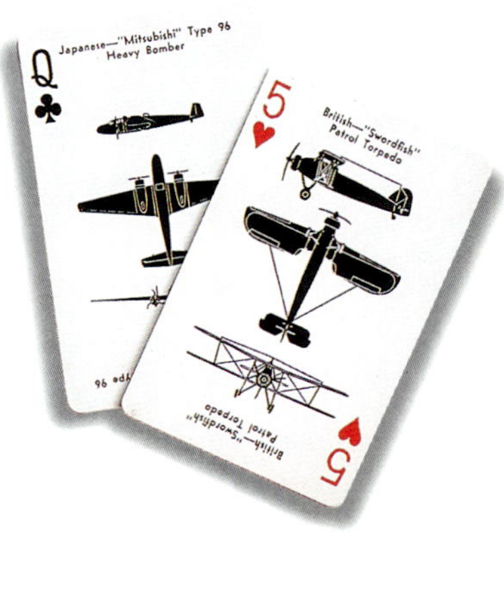

oben: Metallschild, 1968, 29,8 x 45,7cm. Seit den fünfziger Jahren vertrieb Coca-Cola auch Fanta, ein Fruchtgetränk.

oben: Kartonschnitt, ca. 1953, 34,9 cm hoch. Westernheld Kit Carson, dargestellt von Bill Williams, erlangte in einer Cola-gesponserten TV-Serie aus den fünfziger Jahren Unsterblichkeit.

maten und Getränkedosen vorgestellt. Coca-Cola wich mit der neuen Fanta-Linie von der ursprünglichen Ein-Produkt-Strategie ab. Sprite, TAB, Fresca und Simba folgten in den sechziger Jahren.

Coca-Cola warb auch im Fernsehen, indem sie den Bauchredner Edgar Bergan, Walt Disney und Kit Carson sponserte. In den späten sechziger Jahren bemühte sich Coca-Cola um ein modernes Image, wofür sie die Supremes, Ray Charles und Aretha Franklin unter Vertrag nahm.

Ein neuer Slogan und ein neues Logo wurden 1969 in großem Stil vorgestellt. Der Slogan hieß "It´s the real thing" und das Logo mit dem wehenden Band unter dem Markenzeichen wurde "Arden Square" genannt.

Seit jener Zeit gab es noch andere Meilensteine in der Geschichte von Coca-Cola, die jedoch kaum Einfluß auf die Sammlerstücke hatten. Das Werbelied

oben: Flugblatt, 1965, 29,8 x 20,3 cm. Viele bekannte Künstler warben für Coca-Cola, jedoch nicht die Beatles. Ein Abfüller in Cleveland, Ohio, sponserte aber nichtsdestotrotz eine Sendung mit ihnen im lokalen Fernsehsender.

oben: **Dose, 1985, 13,3 cm hoch. Mit Entwicklungskosten von ca. $ 250.000 produzierte Coca-Cola etwa 300 'Space Dosen', von denen einige mit an Bord des Challenger Space Shuttle genommen wurden. Am 31. Juli 1985 wurde Coca-Cola zum ersten kohlensäurehaltigen Softdrink, der im Weltraum getrunken wurde.**

"I'd like to teach the world to sing..." aus dem Jahr 1971 war ein Hit und verkaufte weit über eine Million Exemplare.

Die achtziger Jahre sahen die Schöpfung von Coca-Cola als 'Megamarke', bestehend aus Diät-Cola, koffeinfreier Cola, Cherry Coke, 'neuer' Coke und Coca-Cola-Classic. Im Jahr 1985 gab es einen weiteren Höhepunkt, als speziell entworfene Coladosen im Space Shuttle mitgenommen wurden und Coca-Cola zum ersten im Weltraum getrunkenen Softdrink wurde. Auf der Erde wurden später im Jahr 1985 Plastikdosen im Weltraumdesign an uns erdgebundenen Sterblichen getestet.

1986 feierte Coca-Cola das hundertste Jubiläum. Seitdem verzeichnet Coca-Cola weiteres Wachstum, ebenso wie der Markt für Sammlerstücke.

unten: **Papierposter, 1986, 48,3 x 69,2 cm. Coca-Cola feierte das hundertste Jubiläum in der Woche des 8. Mai 1986. Das speziell entworfene Logo für die Hundertjahrfeier in Atlanta sieht man unten auf dem Poster.**

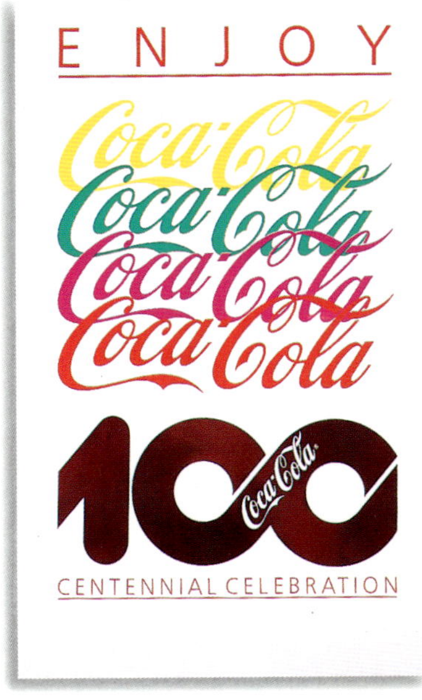

ZU DIESEM BUCH

In diesem Buch finden Sie die wichtigsten Coca-Cola-Sammlerstücke mit einer kurzen Einführung in die Geschichte des Unternehmens. In jedem Kapitel werden wichtige Veränderungen in Design und Material erklärt, um Ihnen die Identifikation und ungefähre Datierung der Artikel zu erleichtern, die Sie vielleicht auf Dachböden, Auktionen und Flohmärkten entdecken. In den siebziger Jahren nahm das Interesse an alten Coca-Cola-Sammlerstücken rapide zu, jedoch stiegen dadurch auch die Verkäufe der im großen Stil produzierten Imitationen. Da diese Fälschungen ebenfalls altern, wird es immer schwieriger, sie von den Originalen zu unterscheiden. Ein sachkundiger Sammler wird aber dazu in der Lage sein. So ist die heutige Drucktechnik grundverschieden von derjenigen der Jahrhundertwende, woraus sich feine Unterschiede in Größe, Farben und Materialien ergeben. Außer den auf den vorigen Seiten abgebildeten Artikeln sind alle Sammlerstücke in diesem Buch Fotos von den Originalen.
Es gibt einige Methoden, die bei der Identifizierung von Fälschungen helfen. Erstens, sehen Sie sich so viele Originalstücke an wie möglich, besuchen Sie Ausstellungen von altem Werbematerial, Auktionen und Museen: Hier kann man auch andere Sammler treffen und deren Sammlungen begutachten. Zweitens, erweitern Sie Ihre Sachkenntnis durch gezielte Lektüre. Am besten konzentrieren Sie sich bei Ihrer Sammlung zunächst auf ein bestimmtes Gebiet, um Ihre Artikel wirklich gut kennenzulernen – dann können Sie sicher sein, 'the real thing' zu sammeln.

FLASCHEN

In den frühen Tagen benutzte John Pemberton, der Coca-Cola im Jahre 1886 erfand, einfache Flaschen mit Papieretiketten, auf denen "Coca-Cola-Syrup and Extract" stand, um den Sirup an Ausschankstuben zu verkaufen. Dort wurde der Sirup mit klarem Wasser vermischt und serviert. 1894 wurde das kohlensäurehaltige Getränk in Flaschen abgefüllt, so daß man es auch außerhalb der Ausschankstuben genießen konnte.

Die ersten Flaschen mit dem kohlensäurehaltigen Getränk waren Biedenharns Sodawasser-Flaschen mit dem Aufdruck "Biedenharn's Candy Co., Vicksburg, Miss.", die zuvor für andere Getränke benutzt wurden. Diese dickwandigen 170-g-Flaschen verwendeten Hutchinson-Verschlüsse und waren nicht mit dem Coca-Cola-Zeichen markiert. Asa Candler, der Präsident von Coca-Cola, vergab die rechte zur Flaschenabfüllung von Coca-Cola in den gesamten Vereinigten Staaten mit Ausnahme der bereits belegten Gebiete an die Rechtsanwälte Thomas und Whitehead. Deren erste Flaschen mit dem Aufdruck Coca-Cola und Hutchinson-Verschlüssen waren nur kurze Zeit am Markt, da innerhalb der nächsten zwei Jahre die zuverlässigeren und billigeren Kronkorkenflaschen zum Industriestandard wurden.

1

1. Sirupflasche, ca. 1905, 30,5 cm hoch. Wurde auf den hinteren Regalen der Ausschankstuben aufbewahrt, um einen kleinen Vorrat an Sirup zu lagern.

2. Flasche mit Hutchinson-Verschluß, ca. 1902, 15,9 cm hoch. Um eine solche Flasche zu öffnen, mußte man die Drahtschlaufe herunterdrücken, was ein lautes Plopp-Geräusch verursachte. Daher stammte der Begriff 'Soda-Pop'.

2

FLASCHEN: KRONKORKENFLASCHEN

Für die Flaschen wurden schon bald die damals neuen Kronkorken verwendet. Die Flaschen waren mundgeblasen, in relativ kleinen Glassätzen hergestellt, und die Flaschengrößen waren nicht genormt. Das Resultat für den heutigen Sammler ist eine nahezu endlose Bandbreite von Flaschen in verschiedenen Formen, Farben und Größen. Immer noch tauchen unbekannte Flaschen von damals auf. Jedoch unterteilen Sammler die Flaschen allgemein in zwei Kategorien: bernsteinfarbene Flaschen, deren Farbe von dunkelbraun bis honigfarben reicht, und transparentere Flaschen inklusive grünen, blauen, aquamarinfarbenen und klaren.

1a und 1b. Flaschen mit Papieretiketten, ca. 1910, klar, 19,7 cm hoch, und bernsteinfarben, 19,1 cm hoch. Hier sieht man typische Beispiele für die zwei Farben, die es zwischen 1905 und 1920 gab. Einige Abfüller dachten, dunkle Farben würden das Aroma von Coca-Cola besser erhalten als hellere Flaschen.

1a

1b

FLASCHEN

Diese frühen Kronkorkenflaschen sind durch folgende Merkmale zweifelsfrei Coca-Cola-Flaschen: 1. Das Markenzeichen "Coca-Cola" war in das Glas geblasen. 2. Der Verschluß war mit dem Markenzeichen geprägt. 3. Ein diamantförmiges Papieretikett mit dem Markenzeichen war auf die Flasche geklebt. Wenigstens neun verschiedene Versionen von Original-Papieretiketten haben überlebt. Sie wurden jedoch in so großen Mengen reproduziert, daß Sammler oft Experten hinzuziehen

Flaschen tauchten das erste Mal 1903 in Motiven der Coca-Cola-Werbung auf. Es handelte sich um Flaschen mit geraden Wänden und den diamantförmigen Papieretiketten.

1a

1b

1c

2

1a, 1b, 1c. Flaschen, 1920 - 1950, jede 18,4 cm hoch. Die Flaschen für Softdrinks wurden "Flavour Bottles" genannt und trugen für gewöhnlich den Namen des Abfüllers und "Coca-Cola" in Blockschrift anstelle von Schreibschrift.

2. Flasche, 1967, 19,7 cm hoch. Als Coca-Cola-Abfüller Ende der sechziger Jahre begannen, Einwegflaschen zu vertreiben, verwendeten sie wieder Flaschen mit geraden Wänden und Papieretiketten.

FLASCHEN

Coca-Cola führte eine standardisierte Flasche ein, hauptsächlich um das wachsende Problem der Nachahmer zu bekämpfen. Das endgültige Design bezog seine Inspiration aus der Form einer Kakaobohne (die fälschlicherweise für eine Koka-Bohne gehalten wurde) und wurde am 16. November 1915 patentiert. Die Farbe des Glases nannte man damals 'German Green'. Heute wird sie als 'Georgia Green' zu Ehren des Heimatstaates von Coca-Cola bezeichnet. Der Prototyp der Flasche, die einen übertrieben dicken Bauch hatte, wurde modifiziert, um maschinell produziert werden zu können.

In den zwanziger Jahren gab es die standardisierte Flasche, die man auch 'Hobbleskirt'-Flasche in Anlehnung an die damalige Mode nannte, praktisch in den ganzen USA.

1. Flaschen, 1986, jede 19,05 cm hoch. Als der bekannteste Behälter der Welt wurde die 'Hobbleskirt'-Flasche für weltweiten Gebrauch produziert. Hier sieht man von links nach rechts Flaschen aus China, Bulgarien, Marokko, Japan, den USA, Thailand, Korea, Israel und Äthiopien.

1

2. Kartonschnitt, 1937, 112 cm hoch, der die 'Hobbleskirt'-Flasche zeigt.

3. Holztragekiste, ca. 1926, 21 x 13,97 x 12,7 cm. Mit Schwalbenschwanzecken und einem Seilgriff war diese schön gearbeitete Tragekiste der Vorläufer des heutigen Sixpacks.

2

3

FLASCHEN: DOSEN, KÄSTEN UND KARTONS

Coca-Cola wurde zum ersten Mal 1955 in Getränkedosen abgefüllt, aber nur in kleiner Stückzahl, gedacht für Armeeangehörige in Übersee. In den späten sechziger und frühen siebziger Jahren waren die Einwegflaschen auf dem Vormarsch, die zuerst noch aus Glas, später dann aus Plastik bestanden.

Kästen, Kartons und Tragekisten werden auch mit dem Sammeln von Flaschen in Verbindung gebracht.

Zunächst wurde Coca-Cola in traditionellen Holzkisten zu je 24 Flaschen transportiert, auf denen das weiße Markenzeichen "Coca-Cola" eingeprägt war.

Da 24 Flaschen aber für den Durchschnittsverbraucher zuviel waren, wurde Mitte der zwanziger Jahre der 6-Flaschen-Karton eingeführt. Weil es keine standardisierten Kästen, Kartons oder Tragekisten gab, existieren zur Freude der heutigen Sammler unzählige Artikel.

1

2

3

1. Dose, 1956, 12,5 cm hoch. Die ersten Getränkedosen für Coca-Cola waren als Exportartikel für Armeeangehörige im Pazifik und in Europa gedacht.

2. Dose, 1980, 12,5 cm hoch. Obwohl 1980 Coca-Cola nicht in der Sowjetunion verkauft wurde, versorgte das Unternehmen das olympische Dorf mit Coca-Cola für die Moskauer Winterolympiade. Diese Dosen wurden jedoch nie verschickt, da Präsident Carter entschied, die USA nicht an den Spielen teilnehmen zu lassen.

3. Dose, 1994, 12,5 cm hoch. Seit den späten sechziger Jahren wurden die meisten Coladosen aus Aluminium und Stahl hergestellt. Ironischerweise zeigt eine der neuesten Dosen die klassische 'Hobbleskirt'-Flasche.

GLÄSER: GERADE GLÄSER

Nur wenige Menschen wissen, daß lange vor der Flasche das Coca-Cola-Glas mindestens ebenso große Bedeutung hatte. Bis in die späten Zwanziger waren die Umsätze in Ausschankstuben höher als die mit Flaschen. Von 1886 an wurde der Großteil von Coca-Cola in Gläsern serviert, die vom Unternehmen selbst hergestellt wurden. Konsumenten assoziierten das Produkt mit dem Glas und das Glas mit dem Produkt.

Im Jahr 1900 wurde ein mit Maßstrich versehenes Glas eingeführt. Dieses 'Mineralwasser'-Glas war ein gerades Glas, auf welchem das Markenzeichen aufgedruckt war. Der bedeutsame Maßstrich war etwa zwei Zentimeter vom Glasboden entfernt und zeigte an, wieviel Sirup man mit Wasser mischen sollte.

Coca-Cola brachte bald darauf einen Metallhalter mit dem Schriftzug auf den Markt, der speziell für die geraden Cola-Gläser gedacht war. Sammler sollten beachten, daß Coca-Cola selbst diesen Halter in den siebziger Jahren reproduzierte.

1

1. Gerades Glas und Metallhalter, ca. 1902, 10,8 cm hoch. Gerade Gläser in Nickel-Silber-Haltern erschienen in der Coca-Cola-Werbung etwa 1904.

Gläser: Ausgestellte Gläser

1905 wurde ein 'ausgestelltes', bzw. 'glockenförmiges' Glas eingeführt. Diese Ansicht wurde in den nächsten 20 Jahren so vertraut, daß die Glasform an sich schon mit Coca-Cola assoziiert wurde.

1923 wurde ein neues Glas mit einem abgerundeten Rand vorgestellt. Es wird von heutigen Sammlern als 'modifiziertes ausgestelltes Glas' bezeichnet und wurde damals aggressiv von Coca-Cola als das perfekte Cola-Glas vermarktet. Bis 1926 wurden vier Millionen dieser Gläser an die Ausschankstuben verkauft. 1929 fand eine weitere Veränderung im Design statt, als man den abgerundeten Rand noch mehr betonte, was das Glas bis etwa 2,5 cm unterhalb des Randes sehr dickbäuchig machte. Die Glasindustrie nannte dies ein 'Becherglas', die Sammler von heute bezeichnen es als 'glockenförmiges' Glas.

1a

1b

1c

1a, 1b, 1c. Ausgestelltes Glas, ca. 1910, großes (1912) und kleines (1913) Glas zu 5 Cent, jedes etwa 10 cm hoch. Hier sieht man drei Beispiele für ausgestellte Gläser, die von 1905 bis in die frühen Zwanziger in Ausschankstuben in Gebrauch waren.

2

2. Das 'modifizierte ausgestellte' Glas, ca. 1925, 9,5 cm hoch. Weil der Rand des ausgestellten Glases so leicht zerbrach, wenn es umfiel, wurden Coca-Cola-Gläser 1923 leicht verändert, um dieses Problem zu lösen.

GLÄSER

1930 endete die Weiterentwicklung der Coca-Cola-Gläser. Im Frühling 1955 vertrieb das Unternehmen testweise Zwölf-Unzen-Gläser, sechs Jahre später folgte diesen ein Sechzehn-Unzen-'Jumbo'-Glas. In dieses sollte man auch eine Kugel Eiscreme geben können, passend zur damaligen Aktion "Float with Coke".

Seit den Sechzigern wurden die Ausschankgläser zahllosen Veränderungen unterzogen. Obwohl es die glockenförmigen Gläser immer noch in vielen verschiedenen Größen gibt, werden auch andere Formen, oft mit farbigen Aufdrucken mit Cartoonfiguren oder dem traditionellen Coca-Cola-Motiv, zahlreich benutzt, besonders als Werbeartikel bei Fast-Food-Ketten.

1

1. Glockenförmiges Glas, 1936, 10,1 cm hoch. Jeder Mitarbeiter von Coca-Cola bekam zum 50. Jubiläum der Firma ein persönliches, glockenförmiges Glas geschenkt.

2

2. Gerades Glas, 1958, 14,3 cm hoch. Nicht standardisierte Gläser wurden immer wieder zu speziellen Anlässen hergestellt.

GLÄSER: AUSSCHANKARTIKEL

Verkaufsautomaten für den Ausschank mit den Aufdrucken "Coca-Cola" und "Coke" aus allen Perioden sind heute beliebte Sammlerstücke. Jedoch sind sie nur bei wenigen Sammlern in funktionsfähigem Zustand, da die Mechanik sowohl unhandlich als auch wartungsunfreundlich ist.

Servietten, Untersetzer und Strohhalme mit "Coca-Cola" bedruckt, die oft zusammen mit den Gläsern benutzt wurden, werden ebenfalls gesammelt. Erstaunlicherweise haben sogar einige Papierservietten, auf denen Coca-Cola-Slogans gedruckt waren, aus der Zeit von vor 1900 überlebt. Es gibt auch einige Strohhalme aus dieser Zeit. Die Vielfalt, Farbzusammenstellung und Verfügbarkeit dieser Artikel machen sie als Sammlerstücke wertvoll.

1

2b

2a

2c

1. Strohhalmpackung, 1957, 21,9 cm hoch. Obwohl man auf der Packung einen Pappbecher sieht, wurden Strohhalme ebenfalls mit Gläsern und Flaschen benutzt.

2a, 2b, 2c. Pappbecher, ca. 1950, 1957, 1961, etwa 9,5 cm hoch. Coca-Cola-Becher gibt es seit 1941, aber bis nach dem Zweiten Weltkrieg waren sie kaum bekannt.

Tabletts und Teller

Vielleicht ist kein anderer der vielen Werbeartikel für Coca-Cola über die Jahre hinweg so eng mit dem Produkt assoziiert worden wie das Coca-Cola-Tablett. Von 1890 bis heute hat eine ganze Serie von Metalltabletts die Botschaft von Coca-Cola verbreitet. Die Haltbarkeit von Metall, in Verbindung mit der relativ großen Stückzahl, haben viele Tabletts für den Sammler von heute erhalten.

1

1. Metalltablett, ca. 1950, 32,4 cm im Durchmesser. In London hergestellt, wurde dieses Tablett wahrscheinlich in Pubs und Restaurants benutzt.

2

2. Metalltablett, 1909, 27,3 x 33 cm. Das Motiv hieß "Exposition Girl", da die Szene im Hintergrund den Jahrmärkten der viktorianischen Zeit entsprach.

3

3. Metalltablett, 1903, 24,8 cm im Durchmesser. Das 'Flaschentablett' ist einer der ältesten Werbeartikel, der die damals neue, geradwandige Flasche mit Papieretikett zeigt.

TABLETTS UND TELLER

Das älteste Coca-Cola-Tablett stammt aus dem Jahr 1897. Es fand eine interessante Entwicklung in der Form der amerikanischen Coca-Cola-Tabletts statt, die mit den komplett runden Tabletts von vor 1903 begann, und von runden, ovalen und rechteckigen Tabletts nach 1921 ergänzt wurden. Die Serie endete mit der Produktion der so genannten 'Pansy-Tabletts' in den Sechzigern. Danach stellten Coca-Cola und andere Unternehmen Reproduktionen in verschiedenen Variationen her.

Obwohl bereits in den zwanziger Jahren einige Tabletts für den ausländischen Markt produziert wurden, stammen die meisten ausländischen Tabletts aus der Zeit nach dem Zweiten Weltkrieg.

1. Metalltablett, 1934, 34,9 x 26,7 cm. Der Ex-Olympiasieger im Schwimmen, Johnny Weißmüller, und die Schauspielerin Maureen O´Sullivan.

2. Metalltablett, 1959, Ø 33, 7 cm. Dieses runde Tablett ist ein typisches Beispiel für eine mexikanische Tablettserie, auf der lateinamerikanische Frauen in verschiedenen Situationen abgebildet waren.

3. Metalltablett, ca. 1908, Ø 24,9 cm, gerahmt 41 x 41 cm. Dieses in hoher Stückzahl produzierte 'Vienna Art'-Tablett mit Schmuckrahmen und Passepartout imitierte einen Porzellan-Portraitteller und war für die 'bessere' Kundschaft gedacht.

1

2

3

TABLETTS UND TELLER

Teller für Wechselgeld aus Glas und Keramik wurden zur Werbung von Coca-Cola benutzt. Ein solcher Teller, der für gewöhnlich größer als ein metallener Wechselgeldteller war, wurde meistens neben die Kasse gestellt. Ältere Exemplare tragen tatsächlich den Aufdruck "Wechselgeld" und sind heute sehr selten.

In den Zwanzigern wurde Coca-Cola als Getränk zum Essen vermarktet, deshalb wurden auch Sandwich-Teller und anderes Porzellangeschirr mit Motiven von Coca-Cola-Flaschen und -Gläsern produziert. Aschenbecher aus Keramik, Glas, Bakelit, Metall und Plastik mit dem vertrauten Logo fand man ebenfalls an allen Orten, an denen Coca-Cola ausgeschenkt wurde.

1

1. Keramikteller, 1930, 21 cm im Durchmesser. Die "Crockery City Ice & Products Company", ein örtlicher Abfüllbetrieb in East Liverpool, Ohio, ließ diese Sandwichteller produzieren und vertrieb sie an andere Abfüllbetriebe im ganzen Land.

2. Wechselgeldteller aus Glas, 1911, 17,8 cm im Durchmesser. Der Werbeaufdruck auf diesem Teller ist ein Beispiel für von hinten bemaltes Glas.

3. Keramikaschenbecher, ca. 1950, 19,1 cm x 19,1 cm. Die langjährigen Werbepartner Baseball und Coca-Cola kamen in diesem Werbeartikel wieder zusammen.

2

3

KÜHLER UND VERKAUFSAUTOMATEN

Als zur Jahrhundertwende der Verkauf von Coca-Cola in Flaschen begann, lag es in der Verantwortung der Händler (oft genug Lebensmittelhändler), die Flaschen zu kühlen. Es dauerte nicht lange, bis die Abfüllbetriebe dahinterkamen, daß – wenn sie Kühler ausschließlich für Coca-Cola an die Händler verkauften – diese dann auch mehr Coca-Cola für ihre durstigen Kunden bestellten. Die ersten Kühler für Coca-Cola waren durchgeschnittene Fässer, die aussahen wie Wannen.

Später wurden erfolgreichere Wasserkühler eingesetzt, die eigentlich nichts anderes waren als Holzkisten auf Füßen. Ein Schiebe- oder Hängedeckel vervollständigte das Design. Oftmals war die äußere Holzkiste in dem späteren 'Coca-Cola-Gelb' gestrichen, mit geprägtem 'Coca-Cola-Rot' für die Werbeaufschrift.

1

1. Vertreterexemplar eines Kühlers, 1929, 26,7 x 19,7 x 33,8 cm. Weil die Kühler an die Händler verkauft und nicht umsonst abgegeben wurden, wurden die Handelsvertreter zunächst mit Miniversionen des Standard-Glascock-Kühlers ausgestattet, so daß sie zu Demonstrationszwecken einfacher transportiert werden konnten.

Kühler und Verkaufsautomaten

Der nächste Fortschritt in der Kühlungstechnologie ersetzte 1920 das hölzerne Äußere des alten Kühlsystems durch Metall. Das Innere bestand aber nach wie vor aus einer Wanne, die mit Eiswasser zur Flaschenkühlung gefüllt war. Zusätzlich hatten einige Mechanismen, die den Kunden dazu bringen sollten, nach Entnahme einer gekühlten Flasche eine warme nachzulegen, sowie einen Münzeinwurf für einen Nickel pro Flasche.

1945 wurde ein neuer, stromlinienförmiger Kühler vorgestellt, der einen komplett verkleideten Fuß hatte, damit man die elektrischen Installationen nicht sah, und der bis heute zum Standard gehört. Dieser Kühler stand Modell für die kühlerförmigen Radios und Musikboxen in den späten Vierzigern.

1

2

3

1. Miniaturkühler, 1956, 15,2 x 12,7 x 22,5 cm. Handgearbeitet aus einem einzigen Holzblock ist diese Miniatur eine exakte Reproduktion des Kühlers mit weißer Vorderseite aus den Fünfzigern.

2. ‘Kühlersparbüchse’, ca. 1940, 7,9 x 10,8 x 2,54 cm. Diese Büchse wurde an die Händler ausgegeben, damit sie $ 20 zum Kauf eines eigenen Kühlers sparen konnten.

3. Vertreterexemplar eines Kühlers, 1939, 30,9 x 18,4 x 27,2 cm. Obwohl der Coca-Cola-Kühler 1934 neu gestaltet wurde, wurden diese Vertreterexemplare nicht vor 1939 als Teil des ‘Business Builders’-Wettbewerbs für Kühlerverkäufe produziert.

KÜHLER UND VERKAUFSAUTOMATEN

In den späten Vierzigern und frühen Fünfzigern fand ein Wechsel von horizontalen Kühlern zu vertikalen Verkaufsautomaten statt. Nun diente ein Automat zu mehr als nur zur Flaschenkühlung: Er erledigte die gesamten finanziellen Transaktionen inklusive der Herausgabe von Wechselgeld.

Als Gruppe betrachtet bilden die Verkaufsautomaten nach 1950 eine verwirrende Vielfalt von Formen, Funktionen und Herstellern. Viele Sammler haben wenigstens einen funktionierenden Kühler oder Verkaufsautomaten.

Verkaufsartikel wie Miniaturen für Handelsvertreter, Broschüren, Prospekte und allerlei Kleinigkeiten sind relativ kostspielig.

1

2

1. Papiermodell, 1941, 23,5 x 31,1 cm. Dieses Faltmodell eines Coca-Cola-Kühlers von 1941 warb für den Münzmechanismus der Vendo Company aus Kansas City, Missouri.

2. Verkaufsautomat, 1951, 62,9 x 62,2 x 163,9 cm. Standautomaten für Coca-Cola gab es seit kurz vor dem Zweiten Weltkrieg. Dieses Nachkriegsmodell wurde C-51 genannt, da es von der Cavalier Company hergestellt war und 51 Flaschen enthielt.

ZEITUNGSWERBUNG

Anzeigen in Zeitungen und Zeitschriften stellen das erste Massenmedium für Coca-Cola-Werbung dar. Da Anzeigen und Artikel in Magazinen regelmäßig von Beginn an erschienen, sind sie eine reichhaltige Quelle für Sammler, aber auch für Informationen über Coca-Cola selbst. Sammler lernen erst jetzt den tatsächlichen Wert dieser Anzeigen zu schätzen. Sie müssen jedoch vorsichtig sein.

Mit der Einführung des Farbkopierers sind sie zunehmend schwer vom jeweiligen Original zu unterscheiden sind.

Coca-Cola wurde zum ersten Mal im "Daily Journal" in Atlanta am 29. Mai 1886 beworben. Das erste Markenzeichen "Coca Cola" erschien im "Daily Journal" am 16. Juni 1887.

1

1. Zeitschriftenanzeige, 1914, 54,6 x 38,9 cm. In einer Reihe von Zeitungsanzeigen im ersten Jahrzehnt des Jahrhunderts zeigte das Rückencover dasselbe Motiv wie das Frontcover des Magazins.

2

2. Zeitschriftenanzeige, 1902, 27,9 x 20,6 cm. Weil Drogerien und Apotheken zur Jahrhundertwende normalerweise Ausschanktheken hatten, inserierte Coca-Cola in Fachzeitschriften, wie z. B. der "Pharmaceutical Era".

ZEITUNGSWERBUNG

Von 1890 an inserierte Coca-Cola intensiv in Fachzeitschriften für Besitzer und Angestellte von Drogerien und Ausschankstuben. Diese Anzeigen erklärten oftmals, wieviel Profit mit dem Verkauf von Coca-Cola gemacht werden könnte. Zusätzlich fanden sich in den Zeitschriften auch Artikel über Coca-Cola selbst.

Coca-Cola plazierte ab 1904 Anzeigen in überregionalen Verbrauchermagazinen. Dieselbe schwarzweiße Anzeige wurde in sechs nationalen Magazinen untergebracht. Das Unternehmen und die Abfüller warben massiv in örtlichen Publikationen wie z. B. Telefonbüchern, High School-Jahrbüchern, Kirchenblättern und Programmen für Theater und Sportereignisse. Coca-Cola gab ebenfalls Zeitschriften und einmalige Veröffentlichungen für die Öffentlichkeit heraus. Haushaltsführung und Dekorationsvorschläge wurden in der Fibel "When You Entertain" und der Broschüre "Pause for Living" dargestellt.

1. Zeitschriftenanzeige, 1933, 34,3 x 26,7 cm. Die gesamte Schauspieltruppe aus dem Film "Dinner at Eight" (inklusive Jean Harlow und Lionel Barrymore) wurde in dieser Anzeige abgebildet, die am 30. September 1933 in der *Saturday Evening Post* erschien.

1

ZEITUNGSWERBUNG

1. Zeitungsanzeige, 1908, 39,4 x 53,3 cm. Wegen der hohen Kosten war es für Coca-Cola eher ungewöhnlich, eine ganzseitige Anzeige in einer Farbzeitung zu schalten, wie dieses Beispiel aus dem *Sunday American Examiner*.

2. Baseballprogramm, 1930, 17,8 x 27,6 cm. Im Laufe der langjährigen Verbindung zwischen Coca-Cola und Baseball wurden oft Anzeigen in Baseballprogrammen geschaltet, wie in diesem hier aus Baltimore.

3. Zeitschriftenanzeige, 1957, 27,3 x 34,3 cm. Hier sieht man eine Anzeige aus einer kurzlebigen Serie mit stilisierten Motiven, die Menschen beim Genuß von Coca-Cola an verschiedenen Orten der Welt zeigte.

1

4. Zeitschriftenanzeige, 1920, 20,3 x 29,8 cm. Eine der beliebtesten Werbekampagnen der Zwanziger Jahre verwendete Cartoon-Zeichnungen des Kleinstadtlebens, wie hier ein Eckhaus mit einer Apotheke.

2

3

4

KALENDER

Die ältesten Kalender stammen aus dem Jahr 1891, und seitdem wurden jedes Jahr neue herausgegeben. Seit der Mitte der 1890er Jahre wurde das Motiv des jeweiligen Kalenders auch in den Zeitungsanzeigen desselben Jahres benutzt.

1904 begannen Coca-Cola und die Abfüllbetriebe, jedes Jahr unterschiedliche Kalender herauszugeben, einen für den Ausschank und einen für den Flaschenverkauf. In den meisten Fällen wurde dasselbe Motiv benutzt, aber eine Version zeigte ein Coca-Cola-Glas und die andere eine Flasche. In einigen Jahren wurden völlig unterschiedliche Motive für die beiden Kalender benutzt.

1

1. Kalender, 1908, 17,8 x 35,9 cm. Das Notizblatt auf dem Tisch lautet "Good to the last drop", ein Slogan, der später von Maxwell-House-Kaffee übernommen und eingetragen wurde.

Kalender

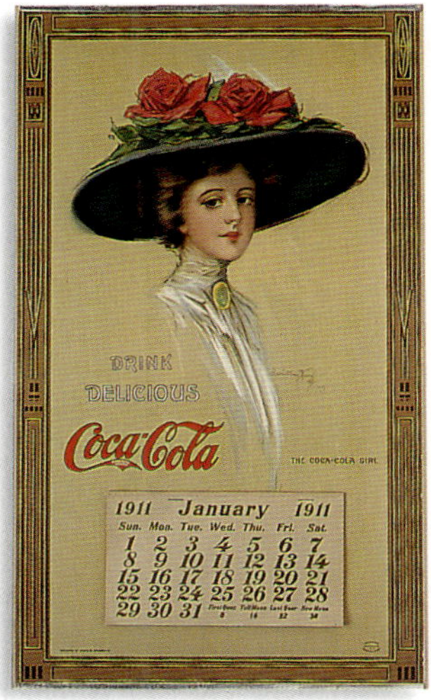

1

2

3

1. Kalender, 1911, 27,3 x 45,7 cm. Dies ist ein Kalender des amerikanischen Illustrators Hamilton King. Das Motiv dieses Kalenders stammt aus dem Jahr 1909, und er ist am unteren Rand signiert.

2. Kalender, 1897, 19 x 33 cm. Das Motiv dieses Kalenders kopiert das ‘viktorianische Mädchen’.

3. Kalender, 1904, 21 x 38,7 cm. Indem er die ungeschriebene Regel “Keine Werbung mit Kindern” brach, war dieser Kalender mit einem Kind, das eine Flasche Coca-Cola in der Hand hielt, für damals sehr ungewöhnlich.

KALENDER

1

2

1. Kalender, 1916, 20,3 x 38,1 cm. Dieser Sommerkalender erschien als Beilage in der *New York World* und umfaßte nur drei Monate. Das Model ist die Schauspielerin Pearl White, die mit der Stummfilmserie *Perils of Pauline* bekannt wurde.

2. Kalender, 1918, 33 x 79,1 cm. Wegen der Zuckerknappheit im Ersten Weltkrieg, welche die Produktion verringerte, machte Coca-Cola 1918 nur wenig Werbung. Obwohl Coca-Cola-Kalender davor und danach in zwei Versionen (Flasche und Glas) produziert wurden, gab es 1918 nur diese eine Version.

Kalender

Die US-Jahreskalender bis 1940 hatten nur ein einziges Motiv, welches das ganze Jahr über zu sehen war. Danach bestanden die Kalender aus mindestens sechs Seiten, jede mit einem anderen Motiv und einem Datumsfeld für zwei Monate.

Coca-Cola produzierte nicht nur Kalender für die USA, sondern auch für die ausländischen Märkte. Beispiele aus den dreißiger und vierziger Jahren zeigen, daß zwar die jeweilige Landessprache, aber dieselben Motive wie bei den amerikanischen Kalendern verwendet wurden. Beispiele aus den fünfziger Jahren zeigen Darstellungen der Sprache, Kultur und der Menschen des jeweiligen Landes.

1

2

1. Kalender, 1943, 33 x 50,8 cm. Um mit dem Zeitgeist Schritt zu halten, zeigt dieser sechsseitige Kalender Frauen in kriegsbezogenen Rollen. Auf dieser Januar-Februar-Seite sieht man eine Krankenschwester der US-Armee.

2. Kalender, 1954, 33 x 48,6 cm. Dieser Kalender zeigt eine Reihe ägyptischer Schauspielerinnen und war in einer Kombination aus arabisch und französisch für den Verkauf im Nahen Osten gedruckt.

KALENDER

Seit den sechziger Jahren wurden kleinere Geschäftskalender, die 'Kalenderdisplays' genannt wurden, vertrieben. Sie bestanden aus einer Metallrückenplatte, die den Werbeaufdruck für Coca-Cola trug und zwei Zierschrauben hatte, welche die Kalenderblätter für jeden Tag des Jahres hielten. Einmal angebracht, mußte man nur noch jedes Jahr die Kalenderblöcke austauschen. Tischkalender von hoher Qualität mit subtiler Coca-Cola-Werbung wurden auch an gehobene Kunden und herausragende Mitarbeiter vergeben.

1

2

3

1. Kalenderdisplay, 1961, 37,7 x 32, 4 cm. Obwohl das bogenförmige Logo am oberen Rand auf keinem Coca-Cola-Artikel nach 1963 benutzt wurde, wurde dieses Metall-Kalenderdisplay aufgrund seiner Haltbarkeit auch nach diesem Jahr noch verwendet.

2. Hauskalender, 1955, 17,8 x 15,2 cm. Da diese Kalender oft von den Abfüllern als Weihnachtsgeschenke vergeben wurden, zeigten die Hauskalender häufig den Weihnachtsmann auf der Coverseite.

3. Tischkalender, 1952, 15,9 cm breit. Indem man die Plastikkarten mit den Kalenderdaten austauschte, konnte man diesen Tischkalender aus hochwertiger Bronze das ganze Jahr über verwenden.

SCHILDER: STOFFSCHILDER

Schilder zur Werbung von Coca-Cola wurden aus vielen verschiedenen Materialien hergestellt und jeweils für drinnen oder draußen produziert.

Schilder aus Wachstuch (wasserfestes Segeltuch) gehörten zu den ersten, die für die Werbung eingesetzt wurden. Solche Schilder wurden an den Markisen der Ausschankstuben und Geschäfte, die Coca-Cola verkauften, angebracht. Leichtere Schilder aus Musselin wurden zum vorübergehenden Gebrauch für draußen entworfen. Detaillierte Segeltuchschilder wurden an den Lastwagen, die Coca-Cola transportierten, angebracht und warben für von Coca-Cola gesponserte Radio- und Fernsehsendungen in den vierziger und fünfziger Jahren. Plastiküberzogene Stoffbanner werden heute immer noch benutzt.

1. Reklametafel, 1923, 6 x 2,70 m. Von 1923 an lieferte Coca-Cola 24teilige Reklametafeln kostenlos an die Abfüller, wenn diese für den Aufstellplatz bezahlten.

2. Segeltuchschild, ca. 1900, 121,9 x 27,9 cm. Dieses alte Segeltuchschild, das Werbung für Coca-Cola in Flaschen machte, ist ungewöhnlich, weil es kleiner als die üblichen Schilder aus dieser Zeit ist, und weil das Markenzeichen ein Gleichheitszeichen statt eines Bindestrichs aufweist.

1

2

SCHILDER: PAPIERSCHILDER

Papierschilder zur Werbung von Coca-Cola nahmen im Laufe der Jahre diverse Formen an: Poster oder Aufhänger, Fenstereinleger und Reklametafeln. Papierposter für drinnen waren vierfarbig lithographiert und zeigten für gewöhnlich junge Frauen. Obwohl man sie einfach an die Wand nagelte, hatten viele von ihnen Metallstreifen am oberen und unteren Rand und eine Öse oben in der Mitte zum Aufhängen, weshalb sie auch im allgemeinen 'Aufhänger' hießen.

1923 begann Coca-Cola mit der Produktion von 24teiligen Postern, die zusammengesetzt eine Reklametafel von ca. 7,6 x 3,4 m ergaben. Natürlich war ein einmal zusammengesetztes und angebrachtes Schild mit diesen Maßen nicht mehr als Sammlerstück verwendbar.

1

1. Papierposter, 1904, 37,8 x 50,5 cm. Der Star der New York Metropolitan Opera, Lillian Nordica, warb für Coca-Cola. Auf dem Tisch sieht man eine Flasche mit Papieretikett und eine Notiz für 'Mme. Nordica'. Dies ist ein besonders altes Beispiel für Standardwerbung, welche die geradwandige Coca-Cola-Flasche zeigt.

2. Fenstereinleger aus Papier, 1949, 61 x 27,9 cm. Coca-Cola sponserte den Bauchredner Edgar Bergen und seine Puppe Charlie McCarthy beim Radiosender CBS von 1949 bis 1952.

2

SCHILDER: KARTONSCHILDER

Karton ist wahrscheinlich eines der vielseitigsten Materialien, die je für Schilder benutzt wurden. Er kann leicht in die gewünschte Form geschnitten werden; er ist so starr, daß er von selbst stehenbleibt, und kann somit für verschiedene freistehende und hängende Displays benutzt werden. Rechteckige Kartonschilder wurden regelmäßig für die Coca-Cola-Werbung verwendet. Um einen Platz an den Wänden zu garantieren, wurden Rahmen aus Wellpappe eingeführt, in die man die standardisierten Kartonschilder einsetzte. Diese wurden später durch Rahmen aus Holz oder Metall ersetzt, die in hellem Metallicgold gestrichen wurden. Unter den alten rechteckigen Schildern gab es solche für Straßenbahnen. Diese leichten Kartonschilder wurden in einer Reihe an den Innenwänden der Straßenbahn direkt unterhalb der Decke angebracht. Diese Art der Werbung wurde als so wichtig erachtet, daß das Unternehmen während der ersten 20 Jahre unseres Jahrhunderts fast ein Sechstel seines Werbeetats auf Straßenbahnwerbung verwandte.

1

2

1. Kartonschild, 1942, im Rahmen, 56,5 x 81,9 cm. Werbung in Kriegszeiten ignorierte Frauen in Uniform in keinster Weise, wie die Armeekrankenschwester, die gerade aus einem Flugzeug steigt, auf diesem gerahmten Kartonschild beweist.

2. Kartonschild, ca. 1914, 53,3 x 27,6 cm. Coca-Cola warnte seine Kunden vor Billigimitationen. Dieses Straßenbahnschild wies die Menschen darauf hin, immer den vollen Namen für Coca-Cola zu benutzen.

SCHILDER: KARTONSCHNITTE

Coca-Cola machte viel Werbung mit Kartonschnitten. Obwohl im Laufe der Jahre Tausende verschiedener Kartonschnitte produziert wurden, fallen sie alle unter drei Hauptkategorien: Kartonschnitte, Girlanden und mehrteilige Displays. Metallgeprägte oder dreidimensionale Varianten erhöhten ihren Charme, und so gehören sie heute zu den begehrtesten Sammlerstücken.

Wenn der Begriff 'Kartonschnitt' von den Sammlern verwendet wird, meinen sie damit zumeist lithographierte Stücke ausgestanzten Kartons, entweder freistehend oder hängend.

Obwohl für die Motive viele verschiedene Dinge benutzt wurden, gibt es einige allgemeine Trends: Ausschankkunden im ersten Jahrzehnt des Jahrhunderts, badende Schönheiten in den zwanziger Jahren, Filmstars in den Dreißigern und Militärpersonal in den Vierzigern. Von der Mitte der zwanziger Jahre an war Coca-Cola als Getränk zum Essen auch ein häufiges Thema.

Von 1931 an gab Coca-Cola um die Weihnachtszeit Kartonschnitte mit dem Weihnachtsmann heraus, und das ist auch bis heute noch der Fall.

1

2

1. Kartonschnitt, 1935, 84,1 cm hoch. Seit 1929 wurde das glockenförmige Glas, das man hier auf diesem großen, kanadischen Kartonschnitt sieht, am ehesten mit Coca-Cola assoziiert.

2. Kartonschnitt, 1934, 66,8 cm hoch. Von 1931 bis in die sechziger Jahre bereitete der Künstler Haddon Sundblom jedes Jahr ein neues Motiv vor, welches dann für Zeitschriftenanzeigen, Poster und Kartonschnitte verwendet wurde.

SCHILDER

1. Kartonschnitt, 1954, 48,3 cm hoch. "Coke Time" mit dem Sänger Eddie Fisher war ein fünfzehnminütiges Musikprogramm, das zweimal wöchentlich während der fünfziger Jahre ausgestrahlt wurde.

2. Kartonschnitt, 1935, 92,7 cm hoch. Coca-Cola beschäftigte oft die bekanntesten Illustratoren. Norman Rockwell malte das bezaubernde Motiv, das sowohl für diesen Kartonschnitt als auch für den Kalender von 1935 verwendet wurde.

3. Kartonschnitt, 1922, 82 cm hoch. Das 3x gefaltete Display zeigt eine Frau im für damals typischen Badeanzug auf einem 'Aquaplane', das von einem Boot gezogen wurde.

1

2

3

SCHILDER

1. Kartonschnitt 1954, 64,3 x 87,6 cm. Der kleine Elf auf diesem Kartonschnitt wurde "Sprite" genannt. Er wurde während der vierziger und fünfziger Jahre verwendet und trug eine Kellnermütze, wenn er für Coca-Cola im Ausschank warb, und einen Flaschenverschluß auf dem Kopf, wenn er für Coca-Cola in Flaschen Werbung machte.

1

2. Kartonschnitt, 1953, 30,2 x 37,8 cm. In den frühen fünfziger Jahren begann Coca-Cola mit spezieller Werbung für Afro-Amerikaner. Berühmte afro-amerikanische Sportler und Entertainer, wie der Akkordeonspieler Graham Jackson, wurden für die Coca-Cola-Werbung verpflichtet.

3. Kartonschnitt, 1910, 100,3 cm hoch. Er wurde 'Mann auf dem Gras' genannt und ist eine der ältesten Abbildungen mit einem Mann anstelle der sonst üblichen jungen Frauen.

2

3

SCHILDER: GIRLANDEN

Eine Girlande besteht aus mehreren, miteinander verbundenen Kartonschnitten, die an die Wand hinter einer Ausschanktheke gehängt wurden. Kurz nach der Jahrhundertwende waren die Girlanden nichts anderes als aneinandergeklebte, ausgestanzte Kartonstükke, die zusammen das Wort 'Coca-Cola' ergaben. Bald darauf wurden die Girlanden zu einer farbenfrohen Angelegenheit, sie zeigten für gewöhnlich junge Frauen, die von Blumenarrangements umgeben waren.

In einem Versuch, Schaufenster als Werbefläche zu gewinnen, entwickelte Coca Cola mehrteilige, ausgestanzte Kartonschilder, die das gesamte Fenster für sich einnahmen. Der Gebrauch dieser Schilder erreichte seinen Höhepunkt von den späten zwanziger bis in die Mitte der dreißiger Jahre, als bis zu zwanzig Kartonschilder für ein Display benutzt wurden.

1

1. Kartongirlande, 1929, 2,4 m breit. Weil sie aus mehreren, unabhängigen Kartonstücken bestanden, konnten die Girlanden später an den tatsächlich vorhandenen Platz angepaßt werden. Hier sieht man die 'Orchideen-Girlande', die zur Verbindung der einzelnen Stücke mehrfarbige Satinbänder benutzte.

2. Kartongirlande, ca. 1910, 144,8 cm breit. Die ältesten Girlanden für Coca-Cola wurden aus einigen Teilen ausgestanzten Kartons gefertigt, die durch Ösen miteinander verbunden waren. Wenn sie an der Wand hinter einer Theke angebracht wurden, hingen die Endstücke aufgrund ihres Gewichtes senkrecht herunter.

2

SCHILDER: METALLSCHILDER

Obwohl die meisten Metallschilder wegen ihrer Haltbarkeit nur für draußen gefertigt wurden, gab es einige in hochwertigem Design für Innenräume. Einige dieser Schilder für draußen wurden aus Weißblech mit einer lithographierten Oberfläche hergestellt, während die für den Dauergebrauch aus schwererem Metall mit einer Keramik-Porzellan-Oberfläche bestanden. Die Blechschilder hatten für gewöhnlich keine Löcher zum Aufhängen und wurden Nagelschilder genannt, weil sie direkt durch das Metall angenagelt wurden. Porzellanschilder gab es mit vorgebohrten Löchern, Ösen oder Klammern zum Aufhängen. Seit den zwanziger Jahren wurden Schilder mit speziellen Rahmen und Pfosten hergestellt, die vor den Verkaufsstellen aufgestellt werden konnten. Es gab auch doppelseitige, geflanschte Schilder, die rechtwinklig an den Gebäuden angebracht wurden.

Metallschilder für Innenräume waren im allgemeinen kleiner als die Schilder für draußen. Viele waren vierfarbig lithographiert, um die Aufschrift und auch das Innendesign des Geschäftes zu betonen.

1

2

1. Metallschild, ca. 1903, 21,1 x 26,2 cm. Dieses ovale Schild war vermutlich das erste, das die geradwandige Coca-Cola-Flasche mit dem Papieretikett zeigte.
2. Metallschild, 1954, 48,3 cm breit. Kartons mit zwölf Flaschen wie in diesem ausgestanzten Schild wurden versuchsweise von einigen Abfüllern in der Mitte der Fünfziger verkauft.

SCHILDER

1

1. Metallschild, 1933, 68,6 x 48,3 cm. Diese Flasche ist gemeinhin als 'Weihnachtsflasche' bekannt, da das Patentierungsdatum auf der Flasche auf den 25. Dezember 1923 lautet.

2. Metallschild, ca. 1910, 90,2 x 29,5 cm. Die Flasche mit dem Papieretikett wurde nicht nur in den USA, sondern auch weltweit verwendet, wie dieses Nagelschild in französischer Sprache zeigt.

2

3. Metallschild, 1927, 76,2 x 19,7 cm. Dieser doppelseitige Pfeil hing ursprünglich von einem gußeisernen Halter, der im rechten Winkel zur Wand angebracht wurde.

3

SCHILDER

1

1. Metallschild, 1927, 28,3 x 20,6 cm. Dieses kleine Schild ist ein seltenes Beispiel für ein teilweise verdecktes Coca-Cola-Markenzeichen im Motiv.

2

2. Metallschild, 1970, 39,7 x 55,6 cm. Dieses in Mexiko hergestellte Schild mit einem photographierten Motiv beweist, daß hübsche Mädchen auch noch in den siebziger Jahren Coca-Cola verkaufen konnten.

SCHILDER

Glasschilder mit Coca-Cola-Werbung tauchten um 1900 zum ersten Mal auf. Die ältesten bekannten Exemplare sind oval oder rund, tragen die Aufschrift "Drink Coca Cola 5 c" und haben keine Graphik. Sie wurden an gewöhnliche Metallketten gehängt. In den Zwanzigern wurden Glasschilder, die man direkt an Spiegel- oder Thekenwände in Drogerien oder Ausschänken klebte, hergestellt. In den Dreißigern waren für die 'besseren Plätze' von hinten bemalte Art-Deko-Glas-Schilder erhältlich, die aber in den Fünfzigern durch geschlossene, elektrische Leuchtschilder mit Glasvorderseiten ersetzt wurden.

1

2

1. Glasschild, 1933, 71,8 x 29,8 cm. Dieses schwarze und silberne, rückseitig bemalte Glasschild mit seinen Holzverzierungen ist im Art-Deko-Stil gehalten.

2. Plastikschild, ca. 1962, 34,9 x 23,5 cm. Im Gegensatz zu älteren Schildern, die aus verschiedenen Materialien hergestellt wurden, waren viele moderne Schilder aus gegossenem Plastik, um denselben dreidimensionalen Effekt zu erzeugen.

Schilder: Holzschilder

Von 1933 an und bis in die fünfziger Jahre verwendete das Unternehmen in großer Stückzahl gefertigte Holzschilder für Innenräume. Viele dieser Schilder bestanden nicht ausschließlich aus Holz, sondern hatten dreidimensionale Verzierungen aus anderen Materialien, darunter Metall, Gips, Seil, Stoff und Plastik. Fiberglas wurde während des Zweiten Weltkrieges vorübergehend für Schilder für den Außengebrauch benutzt. Es gibt eine Reihe von Fiberglas-Schildern, auf denen das Motiv von älteren Glasschildern stammt.

1

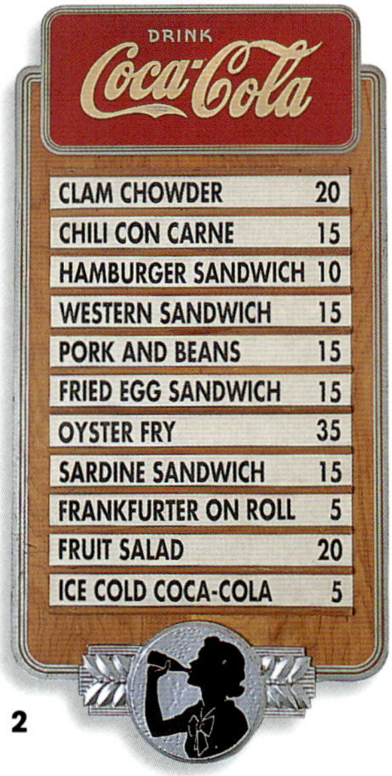

2

1. Schild aus Holz und Metall, 1937, 59,7 x 58,4 cm. Hergestellt aus Sperrholz mit einem dreidimensionalen Aufsatz aus Metall.

2. Speisekarte aus Holz, 1940, 34,9 x 69,2 cm. Durch die günstigen Preise und die ungewöhnlichen Gerichte gibt dieses Artefakt einen Einblick in die Speisen einer typischen Imbißstube der Vierziger.

SCHILDER: SCHILDER FÜR DEN SPEZIALGEBRAUCH

Die Werbung für Coca-Cola war auf einigen Schildern auch eher zweitrangig. Der Hauptzweck war rein nützlicher Natur. Thermometer, Speisekarten, Tafeln, 'Ziehen'- und 'Drücken'-Türschilder und Türgriffe sind Beispiele für diese Schilder.

1. Holzthermometer, ca. 1920, 13 x 53 cm. Wegen seiner Nützlichkeit blieb dieses Thermometer oft noch an der Wand hängen, wenn andere Werbung schon wieder entfernt wurde.

2. Metallthermometer, 1941, 17,5 x 40 cm. Dieses Thermometer im Art-Deko-Stil entspricht dem Design von Drogerien und Ausschankstuben in den vierziger Jahren.

3. Metalltafel, 1940, 48,9 x 68,6 cm. Seit den zwanziger Jahren wurden Tafeln mit Coca-Cola-Werbung für Lebensmittelhändler vertrieben. Das Motiv in der unteren rechten Ecke hieß das 'Silhouetten-Mädchen'.

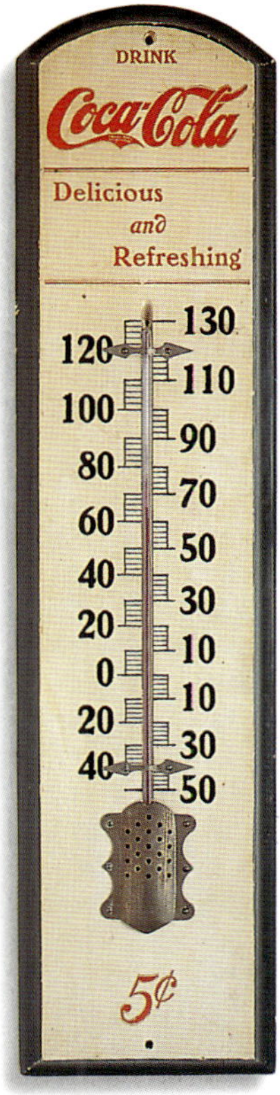

1

2

3

Beleuchtung und Leuchtschilder

1

Die ältesten bekannten Leuchtkörper für die Coca-Cola-Werbung waren aus verbleitem oder Mosaik-Glas. Diese rechteckigen Beleuchtungen sollten über einer Theke oder einem Schaufenster hängen.

Die darauffolgenden Leuchtkörper waren kugelförmig. Es gibt zwei Versionen der Kugel aus Bleiglas: die eine sollte von der Decke hängen, die andere sollte auf Getränkeautomaten stehen. Diese Lampen wurden in kleinen Mengen reproduziert, aber ohne das gebogene Glas der Originale.

In den zwanziger Jahren gab es die Glaslampe in traditioneller Form mit einer Kette zum Aufhängen. Da dieser Beleuchtungskörper über einen Zeitraum von mehreren Jahren hinweg erhältlich war, gibt es einige Variationen, inklusive neuerer Reproduktionen.

1. Lüster aus Bleiglas, 1911, 64,8 cm lang. Diese einmalige, rechteckige Lampe hing über fünfzig Jahre lang in ein- und demselben Geschäft.

2. Bleiglaslampe, ca. 1920, 91,5 cm hoch. Diese beleuchtete Flasche, die von der Metropolitan Art Glass Company in New York hergestellt wurde, war sowohl für Innenräume als auch für draußen gedacht.

3. Beleuchtetes Glasschild, ca. 1938, 34,3 cm hoch. Die Flasche auf diesem beleuchteten Thekenschild hat den Aufdruck der Patentierungsnummer der 'Hobbleskirt'-Flasche von 1937.

2

3

BELEUCHTUNG UND LEUCHTSCHILDER

Ein weiterer Bleiglasartikel, der in den Zwanzigern eingeführt wurde, war eine ca. 90 cm hohe Replika der Humpelrock-Flasche. In der Mitte der zwanziger Jahre begann Milchglas das Bleiglas zu ersetzen. Die erste dieser Lampen war aus einem einzigen Stück Milchglas und hatte "Coca-Cola" in rot mit grünen Nadelstreifen aufgedruckt. Eine Messingquaste hing von der Unterseite herunter, und eine Abdeckung aus Messing an der Oberseite vervollständigte das Stück. Weniger schmuckvolle Milchglaslampen waren in den dreißiger Jahren erhältlich und sollten im Gegensatz zu anderen Schmucklampen tatsächlich einen Raum beleuchten.

1

1. Milchglaslampe mit Metallquaste, ca. 1929, 34,3 cm im Durchmesser. Diese Lampen kosteten pro Stück $ 8, stammten von der Progress Gas Fixture Company aus New York und wurden in Ausschankstuben und Abfüllbetrieben verwendet.

BELEUCHTUNG UND LEUCHTSCHILDER

Während ältere Leuchtschilder aus Glas waren, bestanden die meisten Schilder seit 1960 aus Plastik. Die Mehrheit der Leuchtschilder war für weiße oder fluoreszierende Glühbirnen gedacht.

Neonröhren wurden ebenfalls schon ab den dreißiger Jahren für einige Schilder und Uhren benutzt. Einige Stücke zeigten sogar Neonröhren in der Form des Coca-Cola-Markenzeichens.

1

2

1. Leuchtschild aus Metall und Plastik, ca. 1950, 39,4 x 39,4 cm. Diese Schilder erinnerten die Kunden daran, ihre leeren Flaschen in das dafür vorgesehene Regal neben den Verkaufsautomaten zu stellen.

2. Neonschild, 1988, 50,2 x 43,8 cm. Dieses Neonschild wurde vom Abfüllbetrieb in Philadelphia, der Heimatstadt der Freiheitsglocke, verwendet.

UHREN

Uhren stellen einen der kostspieligsten aber auch haltbarsten Coca-Cola-Werbeartikel dar. Die ersten Uhren wurden von der Baird Clock Company in Platsburgh, New York, hergestellt. Zum ersten Mal 1893 im Einsatz, kosteten sie Coca-Cola $ 2,75 das Stück und wurden als Prämie an Händler ausgegeben, die fünfzig Gallonen Coca-Cola-Sirup pro Jahr kauften. Uhren von Baird, sowohl zum Aufziehen als auch mit Pendel, hatten große runde Zifferblätter mit römischen Zahlen. Sie hatten zwei runde Türchen, eines über dem Zifferblatt und eines über dem Pendel.

Als nächstes gab es die Schuluhr. Der obere Teil war achteckig und bestand aus poliertem Holz, das ein verglastes, rundes Zifferblatt umrahmte. Der untere Teil bestand aus einer Tür aus Holz und Glas, die das Pendel

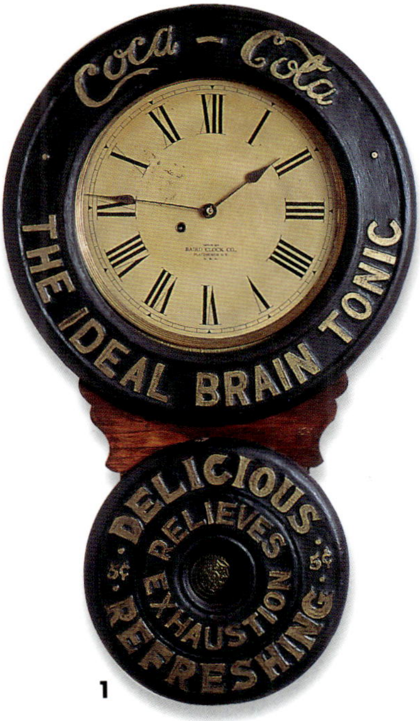

1

2

1. Pendeluhr, ca. 1895, 78,7 cm hoch. Dieses Stück, eine achtförmige Uhr von Baird, scheint nicht wieder neu bemalt worden zu sein, wie es damals eigentlich mit Uhren, die Anzeichen von Verschleiß aufwiesen, üblich war.

2. Pendeluhr, ca. 1900, 66 cm hoch. Viele dieser schmuckvollen Schuluhren, wie diese von der Welch Manufacturing Company hergestellte, funktionieren heute immer noch.

Uhren

Etwa 1905 begann Coca-Cola mit dem Vertrieb großer, rechteckiger Uhren, die im allgemeinen Wanduhren waren. Diese Uhren hatten ein hölzernes Gehäuse mit einer einzigen Tür, die aus zwei gerahmten Glasscheiben bestand. Das Zifferblatt trug die rote Werbeaufschrift für Coca-Cola und war dasselbe wie auf der älteren Schuluhr. Diese Uhren wurden von 1910 bis 1941 mit Veränderungen im Design und der Werbebotschaft produziert.

1. Elektrische Uhr, 1940, 46,6 x 46,6 cm. Die Neonröhre erfüllte einerseits den Zweck, auf die Uhr selbst aufmerksam zu machen, andererseits sorgte sie für die Beleuchtung des Geschäftes.

2. Pendeluhr, 1911, 100,3 cm hoch. Diese Gilbert-Uhr wird im allgemeinen 'Gibson-Uhr' genannt, da die Abbildung der Frau auf dem unteren Teil an die Motive des Illustrators Charles Dana Gibson erinnert.

3. Elektrische Uhr, 1948, 91,4 cm breit. Diese Luxusuhr war mit ihren Schmuckringen und dem Hintergrundpaneel für gehobenere Etablissements gedacht.

2

1

3

UHREN

Elektrische Uhren zur Werbung von Coca-Cola tauchten in den dreißiger Jahren zum ersten Mal auf. Die Werbeaufschrift befand sich für gewöhnlich auf dem Zifferblatt oder auf dem Uhrenglas. Zuerst wurden die Gehäuse aus Holz oder Metall hergestellt. In den späten Fünfzigern tauchten Plastikgehäuse und -zifferblätter auf. Von diesen Uhren gibt es aufgrund der etwa ein Dutzend Hersteller viele Variationen. Die Slogans und Graphiken, Materialien und Designs helfen dem Sammler bei der Datierung dieser unzähligen Uhren.

Zusätzlich vertrieben Coca-Cola und die örtlichen Abfüllbetriebe auch Tischuhren. Unter den ältesten dieser Art befinden sich solche mit lederbezogenem Gehäuse, auf das die Werbebotschaft in Blattgold geprägt wurde.

1

2

1. Elektrische Uhr, ca. 1963, 40,6 x 40,6 cm. Diese Uhr hat ein Plastikgehäuse, das von innen her durch eine ringförmige, fluoreszierende Glühbirne beleuchtet wurde, und trägt das Logo "Things go better with Coke".

2. Aufziehuhr, ca. 1910, 8,6 x 5,6 cm. Lederuhren wie diese, mit Blattgold beschriftete, wurden von 1905 bis 1915 vertrieben.

SPIELZEUGE UND SPIELE

Einige Sammler sammeln am liebsten Spielzeuge und Spiele von Coca-Cola. Bevor Coca-Cola 1980 ein Lizensierungsprogramm ins Leben rief, stellten Spielzeughersteller in vielen Ländern ohne Zustimmung des Unternehmens unzählige Spielzeuge mit dem Coca-Cola-Markenzeichen her.

Coca-Cola selbst produzierte jedoch auch Spielkarten und Spiele, um den Umsatz anzukurbeln. Abfüllbetriebe, die auf die Rückgabe der leeren Flaschen angewiesen waren, und die den Umsatz steigern wollten, entwickelten ein Gutscheinsystem. Nachdem der Käufer genügend Gutscheine gesammelt hatte, konnte er den Abfüllbetrieb besichtigen und die Gutscheine gegen nützliche Geschenke eintauschen.

Die beliebtesten Prämien waren die massenproduzierten Spielzeuge, auf denen die Abfüllbetriebe lediglich das Coca-Cola-Logo anbrachten.

2

1

1. Pappflugzeug, ca. 1928, 25,4 cm lang. Coca-Cola feierte die Atlantiküberquerung von Charles Lindbergh 1927 mit dem Vertrieb einer Replika der *Spirit of St. Louis*, Lindberghs Flugzeug.

2. Pappfeife, ca. 1910, 4,5 x 15,9 cm. Diese Pfeife zeigte die geradwandige Flasche mit dem Papieretikett und erzeugte einen hohen, schrillen Ton.

Spielzeuge und Spiele

Spielzeuge und Spiele bilden eine so vielfältige Gruppe, daß man sie nur schwerlich verallgemeinern kann. Da die meisten der Spielzeuge ohne das Wissen und die Zustimmung von Coca-Cola produziert wurden, gibt es nur wenige Informationen darüber, was genau und wann es hergestellt wurde. Genau deshalb ist dieses Gebiet der Sammlerstücke am aufregendsten, auch weil ständig neue Artikel auftauchen.

1

1. Lastwagen aus Metall, 1931, 27,9 cm lang. Dieser ungeheuer beliebte Miniaturlastwagen mit der a-förmigen Pritsche wurde von Kauf- und Versandhäusern angeboten und kostete etwa 50 Cent das Stück.

2. Zug aus Metall, ca. 1930, 76,2 cm lang. Dieser 'American Flyer'-Zug zum Aufziehen wurde vermutlich vom Abfüllbetrieb in St. Louis als Prämie in Auftrag gegeben.

3. Kastenspiel, 1949, 23,5 x 8,3 x 4,5 cm. Der Zweck dieses Spieles war es, die acht Ringe nach bestimmten Spielregeln von einer Stange auf die nächste zu bringen.

2

3

SPIELZEUGE UND SPIELE

Eine weitere Kategorie von Artikeln, die im allgemeinen dem Spielzeug zugeordnet werden, sind Miniaturen, kleine Replikas größerer Artikel. Im Falle Coca-Cola betrifft das Flaschen, Kartons, Kästen, Kühler, Automaten und Gläser. So überrascht es auch nicht weiter, daß Coca-Cola selbst Miniaturversionen seiner eigenen Werbeartikel vertrieb, und die Kinder somit spielen konnten, daß sie Kunden oder Händler für Coca-Cola wären. Spielzeughersteller produzierten ebenfalls Spielzeugkühler und -automaten, einige konnte man auch als Spardose benutzen.

1

2a

2b

3

1. Plastikkühler, ca. 1950, 13 x 10,2 x 13 cm. Dieser Miniatur-Picknick-Kühler enthielt sogar Plastikeis und zwei Coca-Cola-Flaschen aus Plastik.

2a, 2b. Pastiksparbüchsen, ca. 1948, 13 cm hoch. Es handelt sich um eine Miniaturreplika der V-83 Automaten von Vendo. Diese Sparbüchsen gaben eine Miniaturflasche Coca-Cola aus, wenn man eine Münze einwarf.

3. LKW aus Plastik, 1949, 30 cm lang. Er wurde von Louis Marx & Co. in New York hergestellt und ist eine halbwegs naturgetreue Nachahmung der LKWs mit Flügeltüren, die von vielen Abfüllbetrieben benutzt wurden.

Spielzeuge und Spiele

Coca-Cola-Abfüller haben immer schon Spielkarten vertrieben. In den Dreißigern und Vierzigern nutzten das Unternehmen und die Abfüller die damalige Manie für Kartenspiele, indem sie unzählige Kartenblätter produzierten, die für Coca-Cola warben. Seit dieser Zeit ist der Vertrieb von Spielkarten ein Standard-Werbemittel. Während Sammler komplette Blätter in Original-Schachteln bevorzugen, sind genau diese Blätter schwer zu bekommen, da sich andere Sammler auf einzelne Spielkarten aus diesen Blättern

1

1. Spielkarten, ca. 1940, 5,7 x 8,9 cm. Diese Karten haben das vertraute 'Silhouetten-Mädchen' als Logo und wurden von der Atlantic Playing Card Company hergestellt.

2. Spielkarten, 1915, 6,4 x 8,9 cm. Diese Karten mit dem 'Elaine'-Motiv des Kalenders von 1915 konnten für 25 ¢ von der Western Coca-Cola Bottling Company bestellt werden.

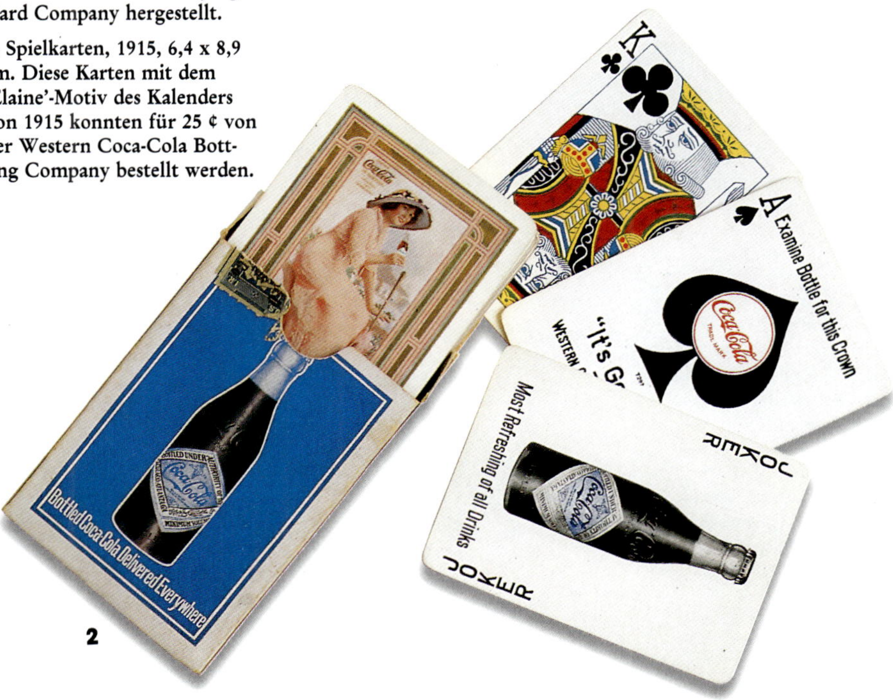

2

LEHRMITTEL

Als Coca-Cola zum ersten Mal verkauft wurde, bewarb man die belebende Wirkung nach einem langen Arbeitstag. Wegen des hohen Koffeingehalts (der damals dreimal so hoch war wie heute) und den nicht endenwollenden Gerüchten über die Kombination von Alkohol und Koffein verbaten einige Mütter ihren Kindern, Coca-Cola zu trinken. Coca-Cola trat in den frühen Jahren auch nicht an Kinder heran. Nach der Ratifizierung des Lebensmittelgesetzes 1906 und einer Reduzierung des Koffeingehalts im ersten Jahrzehnt unseres Jahrhunderts unternahm Coca-Cola in den zwanziger Jahren einen langsamen und vorsichtigen Vorstoß in den so genannten Jugendmarkt.

Coca-Cola benutzte das Schulsystem, um Kinder zu erreichen. An Lehrer wurden Gratisfibeln verschickt, in denen stand, wie gesund und vollwertig Coca-Cola war. Viele Abfüller spendeten zweckmäßige Dinge für Schulen. Bleistifte, Tintenlöscher, Uhren und Kalender, die offensichtlich alle sehr nützlich waren, gehörten zu den beliebtesten Geschenken.

1

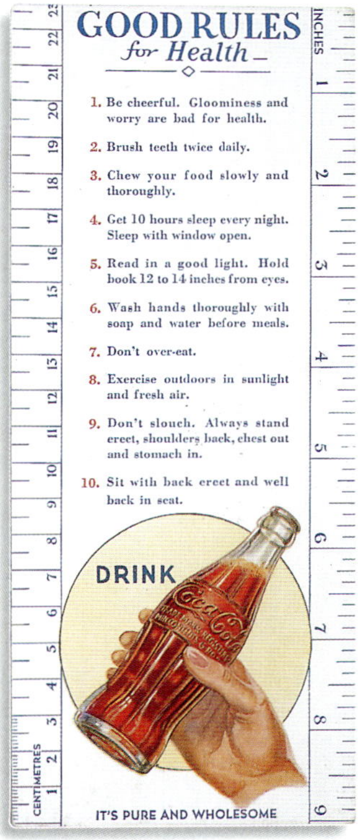

2

1. Fibel, 1928, 19 x 13,3 cm. Diese vierfarbige ABC-Fibel enthielt zu jedem Buchstaben ein kleines Gedicht und sollte Kindern helfen, das Alphabet besser zu lernen.

2. Tintenlöscher, ca. 1935, 9,8 x 22,9 cm. Dieser kanadische Tintenlöscher verkündete Ratschläge zur Gesundheit und konnte auch als Lineal benutzt werden.

Lehrmittel

1923 sollte jeder Abfüller "jedem Kind ein Lineal, einen Bleistift und drei Tintenlöscher" geben. Man sagte voraus, daß ein Abfüller 5.000 Neukunden gewinnen könnte, wenn er dieses Programm drei Jahre lang mit Kosten von $600 durchführte. Bleistifte und Löscher waren schon lange Standard-Geschenkartikel, bei Linealen sah das anders aus. Coca-Cola begann mit der Produktion eines Lineals mit der Aufschrift "Do unto others as you would have them do unto you". Dieses sogenannte Goldlineal hatte das längste Leben unter den Coca-Cola-Werbeartikeln; es blieb mehr als fünfundvierzig Jahre lang unverändert.

1. Schulausstattung in einem Umschlag, 1935, 22,7 x 30,2 cm. Für 10 Cent bekam ein Kind eine Flasche Coca-Cola zusammen mit einer Schreibunterlage, einem Bleistift, einem Löscher und einem Lineal.

2. Mechanischer Bleistift, 1942, 14,9 cm lang. Die Miniaturflasche am Ende dieses mechanischen Bleistiftes ist tatsächlich mit Coca-Cola gefüllt.

1

2

LEHRMITTEL

Weil sie damals in so großen Mengen ausgegeben wurden, sind Lehrmittel für den Sammler recht gut zu bekommen. Hinzu kommt, daß dieselben Artikel über einen Zeitraum von mehreren Jahrzehnten vertrieben wurden, und es deshalb schwierig ist, sie korrekt zu datieren. Die Werbeslogans auf den Artikeln können oft bei der Bestimmung des Erscheinungsjahres helfen.

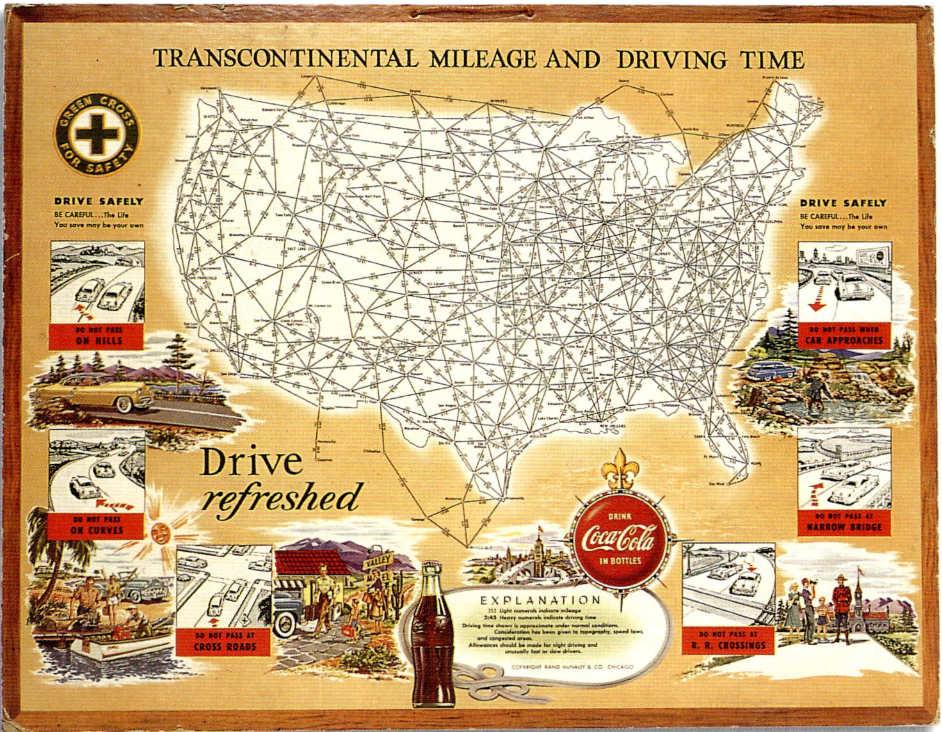

1

1. Kartonlandkarte, ca. 1955, 64 x 47 cm. Da diese Karte die Entfernungen zwischen den größeren Städten der USA angab, konnte sie sowohl in Schulen als auch an Tankstellen verwendet werden.

KLEINIGKEITEN

Eine der beliebtesten, persönlichsten und günstigsten Arten von Werbung waren Kleinigkeiten; kleine, nützliche Artikel, die der Kunde bei sich trug. Jeder Artikel kostete Pfennigbeträge, daher ist die Anzahl enorm hoch.

Kleinigkeiten aus Leder beinhalteten Brieftaschen, Portemonnaies, Streichholzhefte und Taschennotizblöcke. Die geprägte Werbung auf diesen Artikeln war für gewöhnlich aus Blattgold. Brieftaschen und Portemonnaies werden von Anfang des Jahrhunderts bis heute herausgegeben.

Der Gebrauch von Streichholzheften zur Werbung begann kurz nach der Jahrhundertwende. Die wenigen, die bis heute überlebt haben, beweisen die große Vielfalt der Coverdesigns, die in den frühen Jahren verwendet wurden. Mädchen, geradwandige Flaschen und diamantförmige Flaschenetiketten waren die verbreitetsten Motive. Es war nicht ungewöhnlich, daß jedes Streichholzheft zusätzlich zur Coverwerbung auch auf jedem einzelnen Streichholz einen Werbeaufdruck hatte.

1a

2

1b

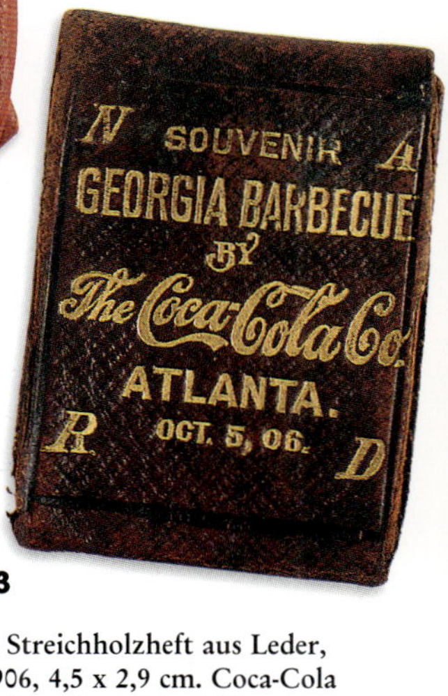

3

1a und 1b. Streichholzhefte, 1912, jedes 4,1 x 5,4 cm. Diese beiden Streichholzhefte zeigen, wie dasselbe Motiv für Flaschen- und Ausschankwerbung angepaßt wurde.

2. Lederportemonnaie, ca. 1910, 6,4 x 5,7 cm. Kostspieligere Kleinigkeiten wie diese mit Blattgoldprägung wurden im allgemeinen an Verkäufer zu Steigerung der Produktloyalität vergeben.

3. Streichholzheft aus Leder, 1906, 4,5 x 2,9 cm. Coca-Cola nahm oft an Handelskongressen teil, wie an denen der *National Association of Retail Druggists (NARD)*.

Kleinigkeiten

Uhrenanhänger aus Metall oder Zelluloid (oder beidem) waren mit einem Lederriemen an einer Taschenuhr befestigt. Obwohl es viele verschiedene Exemplare von Uhrenanhängern mit Coca-Cola-Werbung gibt, wurden diese doch nur eine kurze Zeit lang ab 1905 produziert.

Die vermutlich haltbarsten Artikel, die Flaschenöffner, waren nahezu unzerstörbar. Sie konnten leicht und günstig produziert werden, indem sie aus einem flachen Stück Metall herausgestanzt wurden. Da die Herstellung der Flaschenöffner in der Hand der verschiedenen Abfüllbetriebe war, gibt es zahllose, unterschiedliche Exemplare für den Sammler.

1. Uhrenanhänger aus Metall, ca. 1910, 3,5 x 3,8 cm. Von 1908 bis 1912 galt das Hakenkreuz weltweit als glückbringendes Symbol.

2a, 2b, 2c, 2d. Flaschenöffner aus Metall, ca. 1905 bis ca. 1925, 7 bis 19,7 cm lang. Wie man auf diesem Foto sieht, wurden Flaschenöffner in den unterschiedlichsten Formen und Größen produziert.

1

2a

2b

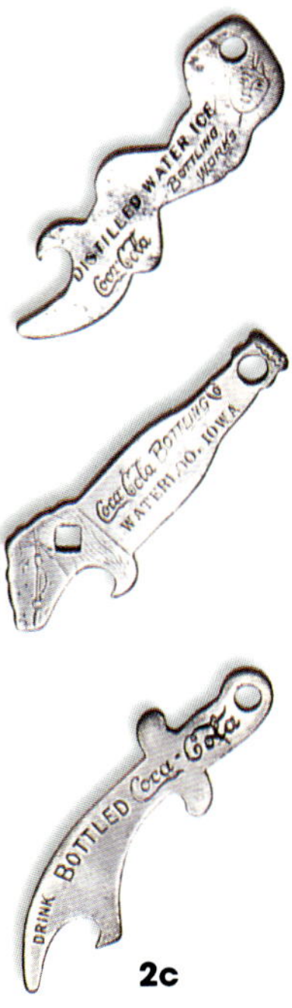

2c

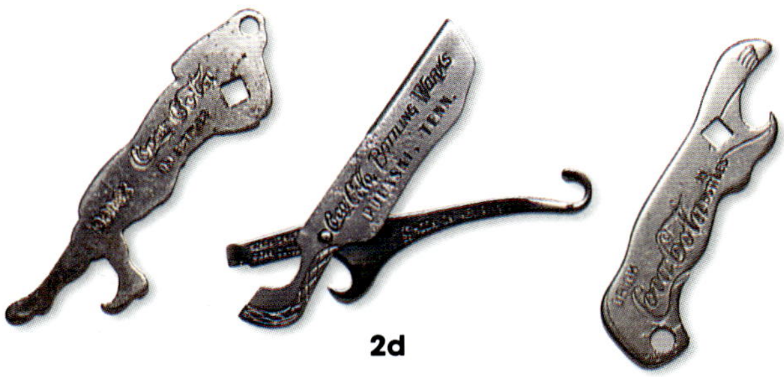

2d

KLEINIGKEITEN

Zu den Werbeartikeln mit einer Oberfläche aus Zelluloid gehörten Schilder, Taschenspiegel, Uhrenanhänger und Manschettenknöpfe, während es auch solche gab, die vollständig aus Zelluloid bestanden, wie z. B. Lesezeichen, Griffe für Taschenmesser und Cover für Taschennotizheftchen, Briefmarkentäschchen und Löschpapierblöcke.

Von den späten 1890ern bis Ende 1910 verwendete Coca-Cola 'japanische' Fächer aus Reispapier mit Bambusgriffen. Nach dieser Zeit wurden Fächer aus Karton vertrieben. Sie wurden an Privatpersonen, aber auch an Kirchen und Vereine ausgegeben.

1

2

3

1. Fächer aus Reispapier, ca. 1900, 25,4 x 38,1 cm. Obwohl die Konstruktion des Fächers an sich typisch für den Anfang des Jahrhunderts ist, ist das Motiv mit dem Spinnennetz, der Libelle und den anderen Insekten sehr ungewöhnlich.

2. Taschenspiegel, 1914, 4,5 x 7 cm. Für gewöhnlich war das Motiv auf den von Coca-Cola herausgegebenen Taschenspiegeln dasselbe wie auf den jährlichen Kalendern. Dieser Spiegel ist deshalb ungewöhnlich, weil dieses Motiv nur noch in einer Zeitungsannonce von 1914 verwendet wurde.

3. Schlüssel und Ring, 1959, 11,4 cm lang. Das Wortspiel auf dem Schlüssel besagt: "Ständige Verkaufsförderung ist der Schlüssel zu höheren Umsätzen."

Kleinigkeiten

Neben den bereits erwähnten Kleinigkeiten gab es noch Eispickel, Fliegenklatschen, Schlüsselringe, Fingerhüte, Salz- und Pfefferstreuer, Feuerzeuge, mechanische Bleistifte, Stifte, Aschenbecher, Punktetafeln, Notenblätter, Schmuck, Buttons und Nähzeug, die alle zur Werbung von Coca-Cola benutzt wurden.

1

2

3

1. Taschenfeuerzeug aus Metall, ca. 1955, 5,4 x 4,5 cm. Von Zeit zu Zeit vertrieb Coca-Cola Kleinigkeiten mit dem Slogan "Drink Coca-Cola" in vielen Sprachen.

2. Tischfeuerzeug, ca. 1960, 10,8 cm hoch. Dieses attraktive Feuerzeug scheint zu sagen: "Have a Coke and smoke".

3. Metallkreisel, ca. 1900, 7 cm lang. Wenn Freunde zusammen an einem Ausschanktisch saßen, konnten sie diesen handförmigen Kreisel drehen, um denjenigen zu bestimmen, der als nächster zahlen mußte.

VERSCHIEDENE ARTIKEL

Aus einer Reihe von Gründen gibt es Coca-Cola-Sammlerstücke, die in keine der vorherigen Kategorien passen. Dazu gehören z.B. Briefpapier, Rechnungen, Quittungen und Schecks, die jeden Tag im Geschäft benutzt werden. Sollten solche Artikel das Coca-Cola-Markenzeichen tragen, werden sie sofort zu Sammlerstücken. Dazu zählen auch die Plaketten und Preise, die das Unternehmen an seine Mitarbeiter und Abfüller vergab.

Gewöhnliche Baumaterialien wie Türgriffe und Schlösser in den Coca-Cola-Bürohäusern und -Betrieben trugen manchmal das Coca-Cola-Logo. Heute sind die Wegwerfverschlüsse aus Plastik an den Sirupbehältern ebenso beschriftet. Obwohl diese Artikel normalerweise unbemerkt blieben, wurden sie durch das Logo zum Sammlerstück.

1

1. Türgriffe aus Metall, ca. 1915, 5,4 cm Ø. Als Coca-Cola Filialen eröffnete, statteten sie diese mit Türgriffen aus Messing aus. Dieser hier stammt aus dem Candler Building in Baltimore, Maryland.

2

2. Plakette, 1953, 46 x 18,4 cm. Der Abfüller in Newcastle, Indiana, wurde mit diesem 'Pro-Kopf-Preis' ausgezeichnet, da er jeder Person in seinem Gebiet 1953 je 200 Flaschen Coca-Cola verkauft hatte.

VERSCHIEDENE ARTIKEL

1

2

3

1. Radio aus Bakelit, 1933, 59,1 cm hoch. Mit einem Preis von $18,75 pro Stück war dieses 'Flaschenradio' einer der teuersten Werbeartikel für Einzelhändler während der Weltwirtschaftskrise.

2. Elektrischer Toaster, ca. 1930, 19,7cm Ø. Fertigen Sandwiches wurde hier das Coca-Cola-Markenzeichen aufgetoastet.

3. Holzbank, ca. 1920, 121 cm.

Verschiedene Artikel

Im Laufe der Jahre haben Hersteller von Werbeartikeln Coca-Cola und den Abfüllern neue Marketingideen vorgestellt, um ihren eigenen Umsatz zu erhöhen. Diese Gruppe eher kurzlebiger Artikel beinhaltet einige der begehrtesten Sammlerstücke.

Das Coca-Cola-Markenzeichen wurde auch von anderen Firmen verwendet, um ihre eigenen Produkte zu bewerben. Viele Hersteller von Werbematerial haben von ihnen hergestellte Coca-Cola-Artikel zur Eigenwerbung benutzt.

1

2

1. Pastikentfernungsmesser, ca. 1950, 17,8 cm hoch. Wenn ein Autofahrer die Trommel im Inneren bewegte, konnte er damit bestimmen, wie weit es von Martinsville, Virginia zu anderen Orten war.

2. Wandtöpfe für Pflanzen, 1932, jeder 30,5 cm hoch. Dieses Set war für die gehobenere Kundschaft gedacht.

3. Untersetzer aus Karton, ca. 1940, 9,8 cm im Durchmesser. Dieser Untersetzer ist ein Beispiel für Artikel, die von ihren Herstellern nicht nur zur Eigenwerbung, sondern auch zur Werbung für Coca-Cola benutzt wurden.

3

REPRODUKTIONEN, PHANTASIE- ...

In den siebziger Jahren interessierte sich Coca-Cola zum ersten Mal für die Sammelleidenschaft des Landes. Das Unternehmen bat der nach Nostalgie dürstenden Öffentlichkeit Reproduktionen an.

Technisch gesehen ist eine Reproduktion eine Kopie eines älteren Artikels. Auf den ersten Blick mag man keinen gravierenden Unterschied zwischen den beiden feststellen.

Ein Phantasieprodukt sieht zwar alt aus, ist es aber nicht. Im Gegensatz zu einer Reproduktion hat ein Phantasieprodukt kein altes Vorbild. Um den Anschein von Echtheit zu erwecken, verwenden die meisten Phantasieartikel alte Motive und Slogans als Teil ihres Designs.

In der Mitte der achtziger Jahre richtete Coca-Cola ein Lizensierungsprogramm ein, in dem sie offiziell der Herstellung von Artikeln mit dem Coca-Cola-Markenzeichen zustimmte.

1

2a

2b

1. Kartonschild, 1973, 46 x 58,4 cm. Hier sieht man die Werbung, die von Coca-Cola für das erste Stück einer dreiteiligen Serie von Tablettreproduktionen benutzt wurde, die 1973 offiziell in den USA verkauft wurden.

2, 2a und 2b. Tablett, 1923, 25,7 x 33,7 cm und Reproduktion, 1974, 31,4 x 38,4 cm. Obwohl Coca-Cola eine andere Form als für das Original (oben) verwendete, wird die Reproduktion (unten) heute immer noch für ein echtes, altes Tablett gehalten.

… und Lizenzartikel

1

2

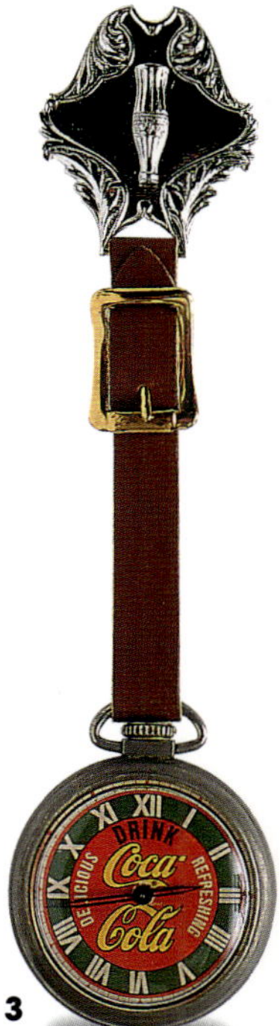

3

1. Phantasiegürtelschnalle, ca. 1973, 10,2 x 6,7 cm. Gürtelschnallen wie diese aus Messing und mit dem Aufdruck “Tiffany” erschienen auf den Sammlermärkten zum ersten Mal in den frühen Siebzigern.

2. Phantasietaschenmesser, ca. 1975, 6,4 cm lang. Da sie von skrupellosen Fälschern kostengünstig und in hoher Stückzahl produziert werden, kann man sie heute auf fast jedem Flohmarkt finden.

3. Phantasietaschenuhr und -anhänger, ca. 1972, 19 cm lang. Diese Taschenuhr ist tatsächlich ein altes Stück, aber das Zifferblatt wurde in neuerer Zeit ersetzt. Der Anhänger aus Silber und der Lederriemen sind beide neu.

4a, 4b und 4c. Gedenkflaschen, 1975, 1986 und 1993, 19,7, 28,8 und 19,7 cm hoch. Flaschen zum Gedenken an bestimmte Ereignisse und berühmte Persönlichkeiten sind eine beliebte Unterkategorie für viele Sammler von heute.

4a

4b

4c

LITERATURHINWEISE

BÜCHER ÜBER COCA-COLA-SAMMLERSTÜCKE

Biasio, Mariateresa & Fadini, Ugo, *Coca-Cola un mito*. Rom: Leonardo De Luca, 1992. (110 S.)
Cope, Jim, *Soda Water Advertising*. Orange, TX: Eigenverlag, 1971. (80 S.)
de Courtivron, Gael, *Collectible Coca-Cola Toy Trucks*. Paducah, KY: Collector Books, 1995. (240 S.)
Ebner, Steve & Wright, Jeff, *Vintage Coca-Cola Machines*. Gaithersburg, MD: Fun tronics, 1989. (110 S.)
Goldstein, Shelley & Helen, *Coca-Cola Collectibles, Vols. 1-4*. Woodland Hills, CA: Eigenverlag, 1972 - 76. (je 78 - 88 S.)
Hill, Deborah Goldstein, *Price Guide to Coca-Cola Collectibles*. Radnor, PA: Wallace-Homestead, 1991. (196 S.)
Mix, Richard, *The Mix Guide to Commemorative Bottles*. S. Antonio, Multi Ads, 1990. (200 S.)
Munsey, Cech, *The Illustrated Guide to the Collectibles of Coca-Cola*. New York: Hawthorn Books Inc., 1972. (334 S.)
Petretti, Allan, *Petretti's Coca-Cola Collectibles Price Guide*, 9. Ausgabe. Hackensack, NJ: Nostalgia Publications, Inc., 1994. (500 S.)
Schmidt, Bill & Jan, *The Schmidt Museum Collection of Coca-Cola Memorabilia*. Elizabethtown, KY: Schmidt Books, 1983. (160 S.)
Weinberger, Marty & Don, *Coca-Cola Trays from Mexico & Canada*. Willow Grove, PA: Eigenverlag, 1979. (40 S.)
Wilson, Al & Helen, *Wilson's Coca-Cola Price Guide*. Atglen, PA: Schiffer Publishing, 1994. (256 S.)

BÜCHER ÜBER DIE GESCHICHTE VON COCA-COLA

Allen, Frederick, *Secret Formula: How Brilliant Marketing and Relentless Salesmanship Made Coca-Cola the Best Known Product in the World*. New York: HarperBusiness, 1994. (500 S.)
Candler, Charles Howard, *Asa Griggs Candler*. Atlanta: Emory University, 1950. (502 S.)
Coca-Cola Company, *The Coca-Cola Company: An Illustrated Profile*. Atlanta: Eigenverlag, 1974. (110 S.)
Dietz, Lawrence, *Soda Pop*. New York: Simon & Schuster, 1973. (184 S.)
Elliott, Charles, *'Mr. Anonymous' Robert Woodruff of Coca-Cola*. Atlanta: Cherokee Publishing Company, 1982. (310 S.)
Graham, Elizabeth Candler, *The Real Ones, Four Generations of the First Family of Coca-Cola*. Fort Lee, NJ: Barricade Books, 1992. (344 S.)
Hoy, Anne, *Coca-Cola: The First 100 Years*. Atlanta: The Coca-Cola Company, 1986. (160 S.)
Kahn, E.J., *The Big Drink: The Story of Coca-Cola*. New York: Random House, 1960. (174 S.)
Louis, J.C., & Yazijan, Harvey, *The Coca-Cola Wars*. New York: Everest House, 1980. (386 S.)
Mayo, P. Randolph, *Coca-Cola Heritage: A Photographic History of the Biedenharn Coca-Cola Bottling Business*. S. Antonio, TX: EV, 1990. (180 S.)
Oliver, Thomas, *The Real Coke, The Real Story*. New York: Random House, 1986. (234 S.)

Patou-Senez, Julie, *Coca-Cola Story*. Paris: G. Authier, 1978. (274 S.)
Pendergrast, Mark, *For God, Country, and Coca-Cola*. New York: Scribner's, 1993 (556 S.)
Shartar, Martin & Shavin, Norman, *The Wonderful World of Coca-Cola*. Atlanta: Capricorn Corporation, 1981. (64 S.)
Staples, Bob & Charles, Barbara, *Dream of Santa: Haddon Sundbom's Vision*. Washington, DC: Staples & Charles, 1992. (84 S.)
Steinbach Palazzini, Fiora, *Coca-Cola Superstar*. New York: Barron's, 1989. (142 S.)
Watters, Pat, *Coca-Cola: An Illustrated History*. Garden City, NY: Doubleday & Co., Inc., 1978. (288 S.)

NÜTZLICHE ADRESSEN

C.C. Tray-ders, 611 North 5th St., Reading, PA, 19601-2201, USA. Gutachter.
Coca-Cola Collectors Club, P.O. Box 49166, Atlanta, GA 30359-1166, USA. Internationaler Verband.
Coca-Cola Fifth Avenue, 711 Fifth Avenue, New York, NY 10022, USA. Coca-Cola-Ausstellung und Geschäft
Memorabilia Club, Casella postale 540, 20101, Italy. Italienischer Verband.
Coca-Cola Collectors Club Europe, Ninoofsesteenweg 315 Chée de Ninove, 1080 Brüssel, Belgigen
Muddy River Trading Company, 4803 Lange Lane, SW, Roanoke, VA 24018, USA. Auktionen.
Nostalgia Publications, 21 South Lake Dr., Hackensack, NJ 07601, USA. Auktionen.
Pop's Mail Order Collectibles, 4439 Hudgins, Memphis, TN 38116, USA. Versandhaus.
Schmidt Museum of Coca-Cola Memorabilia, 1201 North Dixie, Elizabethtown, KY 42702, USA. Museum und Geschäft.
Tucker Bay Company, P.O. Box 70127, Stockton, CA 95267, USA. Auktionen.
U-Grade It Video Auctions, 4411 Bazetta Road, Cortland, Ohio 44410, USA. Auktionen.
The World of Coca-Cola, 55 Martin Luther King, Jr., Drive, Atlanta, GA 30303, USA. Museum und Geschäft.
Engagierte Sammler in Deutschland:
Bossler, Frank, Heimensteinweg 1, 73235 Weilheim-Teck
Czieselsky, Joachim, Kreuzbergstraße 31, 10965 Berlin
Wetzel, Rolf und Lilo, Böhmerwaldstr. 1e, 71737 Grassbrunn
Händler:
POP's Mailorder Collectibles, 4439 Hudgins, Memphis, TN 38116 USA
Töff Töff Coca-Cola Collectors Center, Frank Schneidewind, Steeler Straße 107a, 45139 Essen, cc.collector@t-online.de

Die Autoren, Bill Bateman und Randy Schaeffer, würden sich freuen, von Coca-Cola-Sammlern und Fans zu hören. Die Adresse ist 611 North 5th Street, Reading, PA 19601, Telefon: USA 610 - 373 - 3333, e-mail: bateman@kutztown.edu. Sie sind gleichzeitig daran interessiert, ihre Sammlung mit alten und ungewöhnlichen Artikeln zu ergänzen.